Marie-Thérèse Schins
In Afrika war ich nie allein

*Marie-Thérèse Schins* wurde 1943 als siebtes von zehn Kindern in den Niederlanden geboren. Nach Ausbildungen als Kinderbibliothekarin, in Poesie, Bibliotherapie und Malerei lebt sie heute als freie Journalistin, Autorin, Malerin und Dozentin für Jugendliteratur in Hamburg.

Weitere Titel von Marie-Thérèse Schins bei dtv junior: siehe Seite 4

# Marie-Thérèse Schins

# In Afrika war ich nie allein

Mit Vignetten von Wiebke Oeser

Deutscher Taschenbuch Verlag

Von Marie-Thérèse Schins ist
außerdem bei <u>dtv</u> junior lieferbar:
Und wenn ich falle? – Vom Mut, traurig zu sein,
<u>dtv</u> pocket 78165

Ungekürzte Ausgabe
In neuer Rechtschreibung
3. Auflage Oktober 2004
2003 Deutscher Taschenbuch Verlag GmbH & Co. KG,
München
<u>www.dtvjunior.de</u>
© Marie-Thérèse Schins
© 1999 Peter Hammer Verlag GmbH, Wuppertal
Umschlagkonzept: Balk & Brumshagen
Umschlagbild: Iris Hardt
Gesetzt aus der Bembo 12/15˙
Gesamtherstellung: Druckerei C. H. Beck, Nördlingen
Printed in Germany · ISBN 3-423-70786-0

# Inhalt

# 1

## Kommst du mit nach Westafrika?

Angefangen hat alles in Hamburg. Aber eigentlich ist dies eine Geschichte, die in einem fernen Land spielt: in Togo. Togo liegt in Westafrika, ganz in der Nähe des Äquators.

Ich bin Doro und gehe in die Orientierungsstufe. Und mein Vater arbeitet bei einer Zeitung. Er schreibt Berichte über ferne Länder und macht Fotos dazu. Dann gibt es noch Michel.

Michel ist nach meinem Vater eigentlich mein bester Freund. Ich bin zwar erst elf und Michel ist schon erwachsen, aber das macht uns gar nichts aus. Michel wohnt auch in Hamburg, aber geboren ist er in Togo.

Ich fange lieber beim Anfang an, sonst wird meine Geschichte ein ziemliches Durcheinander. Ich habe nämlich so viel in Westafrika erlebt, dass ich bis zu den Haarspitzen voll bin mit Bildern und Worten. Und die purzeln immer noch ziemlich kreuz und quer in mir herum. Mal sehen, ob es mir gelingt, alles der Reihe nach zu erzählen. Wenn ich an Westafrika denke, habe ich immer noch so ein Kribbeln im Bauch. So aufregend und spannend war es dort!

Also:

Mein Vater und ich leben zu zweit in Hamburg. Vor einiger Zeit hat er mich gefragt: »Hast du Lust, mit mir eine Reise nach Westafrika zu machen?«

Erst hab ich gedacht, er nimmt mich auf den Arm.

Aber dann wurde mir klar, dass er es wirklich ernst meint.

»Michel hat uns beide eingeladen seine Familie in Togo und Ghana zu besuchen.«

Da ist mir die Spucke weggeblieben. Ich weiß nämlich genau, wo Togo und Ghana liegen. Michel hat mir das auf der Weltkarte gezeigt und mir oft stundenlang von seiner riesigen Familie erzählt.

Michel ist auch Papas Freund. Michel arbeitet schon seit vielen Jahren auf Schiffen unter deutschen Flaggen. Und wenn er nicht auf irgendwelchen Meeren der Welt unterwegs ist, dann wohnt er in Hamburg und kommt oft zu Besuch.

Vater und Michel haben sich auf einem Bananendampfer nach Südamerika kennen gelernt. Aber das ist eine ganz andere Geschichte. Vielleicht sollte ich noch erklären, dass mein Vater für verschiedene Zeitschriften schreibt und Fotos macht und deshalb viel auf Reisen ist.

»Wird das eine Urlaubsreise?«, frage ich vorsichtshalber, denn bei meinem Vater weiß man nie. »Und Michel möchte wirklich, dass ich mitkomme?«

»Michel hat dich und mich eingeladen. Und ob es für dich eine Urlaubsreise wird, kann ich dir jetzt noch nicht sagen.«

Ich bin so baff, dass mir nichts mehr einfällt. Und das passiert höchstens einmal im Jahr. Aber dann fällt mir doch noch etwas ein.

»Wie meinst du das: Du weißt nicht, ob es für mich eine Ferienreise wird?«

»Du bist dort nicht in Europa, Doro. In Afrika ist alles anders als bei uns.«

»Aber das ist doch gerade super!«, meine ich.

»Warten wir's ab«, meint mein Vater und damit ist unser Gespräch vorläufig zu Ende.

Ein paar Tage später haben mein Vater und ich uns einige Bücher über Westafrika aus der Bibliothek geliehen und uns die Bilder genau angesehen. Papa hat sich viel Zeit genommen und mir eine Menge über Togo und Ghana erzählt und vorgelesen. Ich platze inzwischen vor Neugierde!

In Papas Arbeitszimmer stehen zwei leere Bananenkartons aus unserem Supermarkt an der Ecke. Da werfen wir alle Sachen hinein, die wir für die Reise brauchen. Mein Vater meint, ich darf nicht mehr mitnehmen, als in einen Karton passt. Wir müssen nämlich auch noch jede Menge Geschenke für die vielen Verwandten von Michel mitnehmen. Wenn ich Michel richtig verstanden habe, sind das mindestens dreihundert Leute mit ganz langen und vielen Namen. Ehrlich gesagt, so richtig verstanden habe ich das mit den vielen Verwandten nicht. Und das mit den Geschenken auch nicht. Aber das wird sich bestimmt alles noch klären.

Ein Problem ist, dass man ins Flugzeug pro Person nur zwanzig Kilo Gepäck mitnehmen darf. Vielleicht ist Michels Familie doch kleiner, als er sagt. Auf jeden Fall ist sie größer als unsere! Ich habe nämlich nur vier Cousins und zwei Cousinen. Und einen Großvater und zwei Großmütter und ein paar Onkels und Tanten. Michel hat, glaube ich, mindestens drei Väter. Da muss ich noch einmal genauer nachforschen, wenn ich in Afrika bin. Er jedenfalls behauptet es felsenfest, das mit den drei Vätern. Und mein Vater kann es mir auch nicht erklären.

Stell dir vor, man isst mit, sagen wir mal, einhundertsiebenundzwanzig Verwandten gemeinsam zu Abend. Wie soll denn das gehen? – Abwarten.

# 2

## Das Flugzeug wackelt
## unterwegs kein bisschen

Michel ist schon vor zwei Wochen nach Afrika ge-
flogen und wir fliegen morgen. Erst von Hamburg
nach Amsterdam, dann weiter nach Lagos in Nigeria, und danach landen wir endlich in Lomé, der
Hauptstadt von Togo. Dort holt Michel uns dann
ab.

Das Flugzeug wackelt unterwegs nicht ein bisschen. Von der Stewardess bekomme ich ein kleines
Kissen geschenkt. Und zum Zudecken gibt es eine
ganz dünne, tolle Decke, die mit ihren blauen und
grünen Karos aussieht wie ein flach gebügelter
Schottenrock. Vielleicht muss man die Sachen aber
doch zurückgeben, weil da überall der Name der
Luftfahrtgesellschaft draufsteht?

Mein Vater und ich kuscheln uns unter die flach gebügelten Schottenröcke und auf die kleinen Kissen und spielen ab und zu Siebzehnundvier oder Backgammon. Manchmal lesen wir auch, aber mein Vater schläft ständig ein und schnarcht leise vor sich hin. Kann ich gar nicht verstehen, wie man bei so viel Aufregung schlafen kann.

Bei der Zwischenlandung in Lagos unterhält sich eine Stewardess mit mir. Wir dürfen nicht aus dem Flugzeug. Jetzt sind nur noch ein paar Passagiere an Bord. Sie ist ganz begeistert von meiner Reise nach Togo und Ghana und schenkt mir die beiden Kissen und eine von den Schottendecken dazu. Das kommt, weil ich ihr erzählt habe, dass wir auch in den Urwald gehen.

»Warte mal«, sagt sie. »Du wirst dort bestimmt ganz viele Kinder treffen. Und die Decke und dein Kissen wirst du unterwegs vielleicht auch noch brauchen.«

Sie kramt in den vielen winzigen Schränkchen in der kleinen Küchenecke herum und holt Buntstifte, Schreibhefte, Plüschentchen und noch mehr Krimskrams hervor.

»Mögen die Kinder denn das?«, frage ich erstaunt.

»Du wirst schon sehen«, antwortet sie. »Ich war schon öfter in Afrika, aber so aufregend wie deine

Reise mit all den Afrikanern um dich herum waren meine Kurzbesuche dort nie. Wir werden immer gleich ins Hotel gebracht und da dürfen wir ohne Begleitung nicht heraus. Vom afrikanischen Leben bekommen wir deshalb kaum etwas mit.«

Als Papa und ich endlich in Lomé landen und wir aus dem Flugzeug steigen, bleibt mir fast die Luft weg. Es ist stockfinster draußen und heiß und feucht wie in der Sauna. Und die Menschen sieht man kaum noch, weil sie doch auch alle so schwarz wie die Nacht sind. Ein bisschen unheimlich ist mir auf einmal schon ...

»Mensch, Papa«, sage ich, »davon hast du mir nichts erzählt, dass wir hier in eine Sauna kommen.«

»Es ist tatsächlich sehr feucht«, antwortet Papa zerstreut. »Das hätte ich dir in der Tat etwas deutlicher sagen können. Aber du wirst dich schnell daran gewöhnen.«

Mein Vater vergisst häufig mir wichtige Dinge zu sagen. Deshalb gibt es ständig Überraschungen, wie zum Beispiel diese hier. Dass ich mich an diese Sauna schnell gewöhnen werde, das glaube ich kaum. Zu Hause gehe ich sowieso nie freiwillig in diesen Schwitzkasten, höchstens, wenn Papa unbedingt möchte, dass ich mitkomme, und es anschließend ein Rieseneis gibt mit einem Papierschirmchen obendrauf. Ich sammle nämlich Papierschirmchen für meine Schlümpfe, damit sie nicht im Regen stehen müssen. Ich habe mindestens zweihundert Schlümpfe. Das heißt, die hatte ich mal. In meinem Seesack sind nämlich ungefähr fünfzig Schlümpfe, die ich den Kindern hier mitbringen möchte. Papa meint, dass das die schönsten Gastgeschenke sind. Er selber hat langweilige T-Shirts, Taschenlampen, Batterien, Fotoapparate, Hemden, Shorts und so dabei. Ich hatte da viel bessere Vorschläge, Computerspiele und Dinosaurier aus Leuchtplastik zum Beispiel. Aber mein Vater hat mir klar gemacht, dass er kein Millionär ist und wir erst einmal praktische Geschenke mitnehmen sollten. Hat er dann auch.

»Bleibt das so, ich meine, das mit der Sauna?«, frage ich ihn.

»M-hm«, antwortet Papa, schon wieder in Gedanken.

»Das glaubt mir nachher keiner.«

»Was denn?«, fragt Papa.

»Dass ich mit dir und Michel wochenlang angezogen in einer Sauna herumgelaufen bin. Bei uns gehen die Leute doch nackt in die Sauna und die meisten rennen schon nach zehn Minuten wieder raus, oder?«

»Doro, du nervst mich. Lass uns erst mal durch den Zoll gehen, dann sehen wir weiter.«

»Aber vom Weitersehen ändert sich das Klima doch nicht?«, werfe ich ein.

Mein Vater wird nur ganz selten böse und mich anschreien tut er auch höchstens mal ab und zu. Aber ich glaube, jetzt muss ich aufpassen.

»Ist schon gut«, sage ich. »Reg dich wieder ab.«

Mal sehn, wie wir beide das hier regeln. Mein T-Shirt und meine Haare sind schon ganz feucht. So viele T-Shirts haben wir gar nicht mit, dass wir jede Stunde ein frisches anziehen können. Die müssen ja auch noch gewaschen werden, oh Mann. Vielleicht können wir die neuen Geschenke-T-Shirts vorher erst einmal selber anziehen . . .

Da, da ist Michel! Ich sehe ihn durch die Glasscheibe. Er winkt uns zu. Eigentlich sehe ich nur sein hellblaues Oberhemd, wie es hin- und herhüpft. Das macht er in Hamburg auch, so komisch auf und ab, um mich zum Lachen zu bringen. Ich erkenne ihn an seinen verrückten Hüpfern.

Dann fällt mir plötzlich wieder auf, wie unwahrscheinlich schwarz hier alle Leute sind und dass sie abends noch schwärzer als schwarz aussehen. Daneben bin ich schneeweiß, auch abends. Ich sehe aus wie eine Quarktasche, Milchflasche, Joghurtschüssel, wie Nudelsalat oder Käsekuchen. Und Papa auch. Im Flugzeug saßen auch fast nur Schwarze. Bis auf ein paar Leutchen sind alle in

Lagos in Nigeria ausgestiegen. Bloß die Stewardessen, Papa und ich und noch ein paar andere Fluggäste waren am Schluss der Reise noch weiß. Ganz schön merkwürdig.

»Michel!«, schreie ich. Ob er mich verstanden hat?

Michel ist bestimmt ganz aufgeregt, genauso wie ich.

Ob er allein am Flughafen ist?

Und ob wir dann mit einem Taxi in unser Haus fahren?

Ich platze fast vor Spannung.

# 3

## Ein totales Chaos

Michel hat in Hamburg versprochen, für die ganze Zeit ein Haus zu mieten, damit wir unser Gepäck dort hinlegen und uns wohl fühlen können. Von dort aus werden wir dann immer unsere Reisen planen und unternehmen. Michel wohnt auch mit uns in diesem Haus.

In der Schule haben meine Klassenkameraden mich in den letzten Tagen ganz schön aufgezogen: »Na? Wer weiß, wo du wohl schlafen wirst, vielleicht auf einer Palme oder sogar mitten im Urwald auf der Erde. Und dann wirst du noch gratis von einer Klapperschlange gebissen.« Blöde Sprüche! Keine Ahnung haben die und außerdem sind sie ja bloß neidisch. Sitzen mit ihren Eltern auf irgendeinem doofen Campingplatz oder sie müssen für drei Wochen in so ein dämliches Hotel auf Mallorca, wo ein Animateur ihnen den ganzen Tag sagt, was sie machen sollen. Nein, mein Vater und ich, wir langweilen uns nie, auch nicht in den Ferien!

Wie wohl ein afrikanisches Haus aussieht?

Ich bin ganz in Gedanken, als mich ein Mann in Uniform auf Französisch anspricht. Daheim habe ich ein bisschen mit Kassetten geübt, aber verstehen tu ich ihn trotzdem nicht.

»Sag mal ›oui‹ und zeig deinen gelben Impfpass. Er hat gefragt, ob du gegen Gelbfieber geimpft bist«, sagt mein Vater und stupst mich an.

»Oui«, antworte ich ziemlich brav und zeige ihm stolz meinen gelben Impfpass. Papa und ich mussten viele Pillen schlucken und uns impfen lassen gegen Krankheiten, die man hier in Westafrika bekommen kann. Wir waren oft im Tropenkrankenhaus am Hamburger Hafen. Die Ärzte dort wissen genau, was man als Weißer machen muss, damit man in tropischen Ländern nicht unnötig krank wird. Wir Weißen haben nämlich zu wenig Antistoffe gegen tropische Krankheiten im Körper. Manchmal war mir richtig schlecht von all den Impfungen und Tabletten, aber das habe ich jetzt eigentlich schon längst vergessen.

Endlich, endlich haben wir die Zollkontrolle hinter uns.

Und Michel nimmt mich in die Arme, hebt mich hoch, wirbelt mich herum und sagt: »Akpe mia woezo.« Das ist Ewe, Michels Muttersprache. »Herzlich willkommen«, sagt Michel. »Ich habe dir ein paar Verwandte zur Begrüßung mitgebracht«, sagt er. »Dann lernst du gleich ein paar von ihnen kennen. Sie werden oft bei uns sein.«

Ich sehe viele, viele lachende Gesichter, ganz viele weiße Zähne, ich sehe Leute, die mir bunte Blumen in die Hand drücken, und Kinder in Kleidern genauso bunt wie die Blumen. Alle schnattern durcheinander und lachen, mir läuft der Schweiß den Rücken herunter, mein T-Shirt klebt, ich werde gedrückt und verstehe kein Wort. Ein totales Chaos. Aber sie lachen und streicheln mich und bestimmt sagen sie nette Sachen.

Auf einmal bin ich furchtbar müde und möchte eigentlich sofort ins Bett. Ohne Duschen, ohne Zähneputzen. Aber alles kommt ganz anders.

»Jetzt geht's richtig los«, sagt Michel. »Wir haben ein Fest vorbereitet, bei Bernard zu Hause.« Wer war noch Bernard? Einer seiner drei Väter? Oder einer der vielen Brüder? Oder einer der hunderttausend Cousins?

Irgendwie werde ich zu einem museumsreifen Auto gebracht, Kinder tragen mein Gepäck. Papa und ich lassen uns auf den Rücksitz fallen und

glauben, dort allein sitzen und verschnaufen zu
dürfen. Weit gefehlt. Noch acht Kinder krabbeln
zu uns auf die Rückbank. Ich kann schon gar nichts
mehr sehen und kriege kaum noch Luft. Wir hol-
pern mit dem Uralt-Auto durch die Nacht. Ich
klammere mich an einem Zipfel von Papas feuchter
Hose fest, mehr kann ich im Augenblick nicht von
ihm erwischen. Wir sind von Kindern einfach zu-
gedeckt. Dass wir hier mit zwölf Leuten in einem
Auto sitzen, wird mir daheim auch keiner abneh-
men. Na ja. Wenn wir aussteigen, sind wir bestimmt platt wie Briefmarken. Mal sehen, was heute noch so alles passiert. Ich glaube, ich werde
wieder wach.

»Papa, wie geht's dir?«, frage ich und hoffe, dass
er mich hört.

Doch, er hat mich verstanden.

»Na ja«, sagt mein Vater. Und wenn wir das
sagen, dann wissen er und ich, was gemeint ist. Na
ja heißt ›oje‹ oder ›ach du liebes bisschen‹. Armer
Papa.

Die Fenster des Autos sind weit geöffnet. Ich
höre zwar viel, nur sehen kann ich nichts. Dass wir
über Sandstraßen fahren, merke ich nur daran, dass
meine Zähne knirschen.

Mit einem Ruck hält das Auto an. Die Kinder
schwirren auf und davon, mein Vater und ich hän-

gen müde, feucht und zerknittert auf dem Rücksitz. Ich sehe eine Hecke mit dunkellila Blüten, von
einer Lampe angestrahlt.

»Bougainvillea«, sagt mein Vater.

Von den Blüten eingerahmt entdecke ich das
Tor, durch das die Kinder so rasend schnell verschwunden sind.

»Da müssen wir auch hinein«, sagt Michel, »da
ist unser Haus.«

Im Garten hinter dem Tor warten alle Kinder auf
uns.

»Sie wollen euch das Haus zeigen«, sagt Michel.
»Sie alle haben mitgeholfen es sauber zu machen.
Das Haus steht nämlich meistens leer und wird nur
ab und zu an Weiße vermietet. Die Leute selber
haben hier nicht das Geld für so ein Haus. Wenn
jemand hier vierhundert Euro im Monat verdient
und damit eine zehnköpfige Familie ernähren
muss, dann gilt er schon als reich.«

»Wie können denn alle von so wenig Geld leben?«, frage ich.

»Du wirst schon sehen, wenn wir solche Famili-
en besuchen«, antwortet Michel.

Wenn ich daran denke, wie mein Vater daheim
über die Hamburger Mieten schimpft, jeden Monat
wieder ... Ich muss ihn direkt einmal fragen, wie
viel er verdient, das weiß ich gar nicht. Auf jeden

Fall mehr als vierhundert Euro. Aber reich sind wir deshalb auch nicht!

Dann nimmt mich ein Mädchen an die Hand und führt mich durch die Haustür ins Badezimmer. Da gibt es eine Dusche, eine Badewanne, ein Waschbecken und ein Klo. Es zeigt strahlend auf alles und sagt: »Tsi.«

Ich sage auch »tsi« und nicke, obwohl ich gar nicht weiß, was das ist.

Das Mädchen dreht den Wasserhahn auf und sagt wieder: »Tsi.« Also heißt das wohl Wasser.

Michel erklärt: »Sie will dir zeigen, dass Wasser aus dem Hahn kommt, in eurem Haus.«

Verwundert sehe ich ihn an.

»Es ist nämlich überhaupt nicht selbstverständlich, dass in einem Haus ein Wasserhahn ist«, sagt Michel.

»Dieses Haus ist für afrikanische Maßstäbe purer Luxus«, sagt Papa plötzlich aus dem Hintergrund. Dabei habe ich bisher nur das Bad gesehen. Die anderen Räume würde ich mir gern selber in Ruhe ansehen. Doch das mit der Ruhe kann ich streichen.

Die Kinder begleiten mich auf Schritt und Tritt. Es ist direkt komisch. Ich glaube, die sind genauso neugierig wie ich. Aber dass es gleich so viele sein müssen ... Und dazu kichern sie die ganze Zeit, wir können uns gar nicht unterhalten.

Wieder nimmt mich das Mädchen an die Hand. Es zeigt mir mehrere Schlafräume.

Auf den Betten liegen bloß Laken, keine Decken. Aber die braucht man hier bei der Hitze wohl nicht. Vor den Fenstern sind feine Metallnetze gespannt.

»Das ist Gaze. Damit keine Tiere reinkommen«, erklärt Michel.

»Was für Tiere?«, frage ich.

»Kakerlaken, Eidechsen, Leguane, Spinnen, Mücken ...«

»Hör auf!«, rufe ich.

»Du wirst schon sehen«, verspricht Michel zum soundsovielten Mal.

»Sie heißt Nadine«, sagt Michel und zeigt auf das Mädchen, das seine Haare wie Korkenzieher geflochten hat.

Eine Superfrisur, die ich mit meinen Schnittlauchhaaren niemals hinbekäme. Überhaupt haben die Kinder hier sagenhafte Frisuren.

Nadine zeigt mir die Küche und danach öffnet sie im Flur eine Tür. Dahinter ist ein zweites Klo. Und schon rennt dort irgend so ein Riesenvieh herum.

Ich schreie, Michel ist sofort da. »Was ist los?«

»Da ...«, sage ich. Michel bückt sich blitzschnell und greift in die Ecke. Und schon hält er mir das Tier unter die Nase.

»Nur eine Kakerlake«, beruhigt er mich. »Eigentlich hatten wir sie alle rausgejagt aus dem Haus.«

»Gab es denn mehrere davon?«

»Ganz viele«, sagt Michel und grinst.

»Richtig gemein bist du«, sage ich und möchte ihn am liebsten kneifen.

»Warte nur, Doro, wenn wir erst in den Urwald gehen ...«

»Du lügst, Michel«, sage ich. Ich hab den Satz noch nicht zu Ende gesagt, da läuft eine Spinne direkt vor mir her. Das wäre überhaupt nicht schlimm, wenn es bloß nicht schon wieder so ein Riesenvieh gewesen wäre. Außerdem ist die Spinne auch noch gestreift! Ich mache mir wirklich fast in die Hose, aber das würde ich nie zugeben.

Michel hat die Spinne auch gesehen. »Soll ich sie für dich fangen?«, fragt er.

»Gleich bist du reif, dann verhau ich dich!« Ich bin richtig wütend auf ihn.

Michel biegt sich vor Lachen und alle Kinder um uns herum auch.

»Doro, Doro, yovo yovo!«, rufen sie.

»Was sagen die?«

»Dass du eine Weiße bist«, sagt Michel.

»Was heißt Schwarze auf Ewe?«

»Ameyibo.«

»Ameyibo, ameyibo, und lasst mich in Ruhe«,

schreie ich und meine es eigentlich gar nicht so. Aber zwei Monstertiere im Haus reichen mir vorläufig. Ich nehme mir vor, hier im Haus nicht eine einzige Tür mehr aufzumachen. Wer weiß, was da noch alles zum Vorschein kommt?

»Ich muss mal«, sage ich. »Bitte schick die Kinder hier aus dem Klo.«

»Eigentlich wollen die aber zugucken«, meint Michel.

Ich starre ihn an. Wo bin ich bloß gelandet? Ich darf noch nicht einmal allein sein, wenn ich mal muss? Vor Angst schwitze ich noch mehr als ohnehin.

»Aber Michel, das ist nicht dein Ernst«, stottere ich.

»Doch, doch«, antwortet er. »In den meisten Häusern Afrikas gibt es keine Türen. Und in Afrika gilt auch: Mein Haus ist dein Haus.«

Das verschlägt mir wirklich die Sprache.

»Das hier ist ein Haus, wie es die Weißen wollen«, fügt Michel hinzu. »Mit Türen, Toiletten und Wasserhähnen.«

Ich bin wütend und jetzt auch noch ratlos. »Ich will doch bloß alleine pinkeln, ohne Zuschauer. Fertig!«

»Wo ist die Spinne geblieben?«, erkundige ich mich noch.

»Die ist schon wieder in ihr Häuschen verschwunden.«

»Ihr Häuschen, wo ist das?«

»Wo? Irgendwo hier im Klo.«

»Also gut. Hauptsache, sie kommt nicht raus,
solange ich hier sitze.«

Ich muss wirklich dringend. Und irgendwie gelingt es mir, die Tür hinter mir zuzuschließen. Ich
höre, wie sie alle flüsternd draußen im Flur stehen.

Als ich abziehen will, stelle ich fest, dass das nicht
geht. Das Klo ist kaputt. Mist.

»Michel!«, rufe ich. »Ich kann nicht abziehen!«

»Du musst dir im Bad einen Eimer Wasser abfül-
len«, sagt Michel. »Der Klempner wird in diesen
Wochen bestimmt kommen, um es zu reparieren.«

Schimpfend fülle ich einen Eimer mit Wasser.

Und trage den Eimer ins Gästeklo, wo schon
wieder drei Kinder stehen und zugucken, wie mein
Pipi und das Klopapier verschwinden. Sie hören
gar nicht mehr auf zu lachen.

»Wie machen die zu Hause eigentlich Pipi?«,
frage ich Michel.

»Genau wie du.«

»Wie denn, wenn die nicht einmal eine Kloschüssel haben?«

»Du wirst schon sehen.«

»Du immer mit deinem: ›Du wirst schon sehen‹! Du machst mich noch ganz rappelig damit.«

»Doro, wenn du mit Papa und mir und den anderen hier unterwegs sein möchtest, wirst du noch viel dazulernen müssen. Du bist hier nicht in Hamburg!«

»Niemand hat mir erzählt, dass die Klos hier nicht funktionieren.«

»Sie funktionieren. Bloß nicht immer.«

Ich gebe auf. Mein Vater ruft und sagt, wir müssten los zu Bernards Fest. Wie spät ist es überhaupt? Zwei Stunden früher als in Deutschland. Eigentlich ist es zehn Uhr abends, aber hier ist es erst acht. Und immer noch ist es heiß und feucht wie in einer Sauna und wieder quetschen wir uns zu zwölft in das uralte Auto. Ich bin sehr, sehr gespannt, was noch alles auf mich zukommen wird.

## 4

»Nimm drei Blätter«, sagt Papa

Hinter dem Tor zu Bernards Hof erklingt laute Musik, ich höre Stimmen und klopfende Geräusche.

Wie soll ich jemals all die vielen Menschen auseinander halten? Sind das hier dieselben, die uns vom Flughafen abgeholt haben, oder sind es andere? Ich kann mir denken, dass wir Weiße für Afrikaner auch alle gleich aussehen. Aber zu ihrem Glück sind wir ja nur zu zweit!

Hier herrscht vielleicht ein Betrieb. Ziegen, ein Hund, Katzen und Hühner, Kinder und Erwachsene, alles wimmelt fröhlich im Hof durcheinander. Unter einem Baum erkenne ich Frauen, die auf der Erde hocken und kochen. Hoffentlich muss ich nichts essen, was ich nicht mag ... Mir fällt der

Arzt im Hamburger Tropenkrankenhaus ein, der immer wieder gesagt hat: »Kein ungekochtes Wasser, keine Salate und auch kein Obst, das du nicht selbst geschält hast!« Aber wie soll das gehen, wenn man bei Afrikanern zu Gast ist? Mein Vater ist irgendwohin verschwunden. Der sollte sich lieber ein bisschen mehr um mich kümmern. Wenn ich ihn sehe, werde ich mich gleich bei ihm beschweren. Ich fühle mich schon ganz mickrig hier und vernachlässigt. Ich kenne doch nur Papa und Michel, und die hier kennen sich alle! So ein Käse!

Jetzt lache ich einfach mit und tue so, als würde ich alles begreifen. Und die Leute sind hingerissen! Sie reden sofort auf mich ein, fünf, die um mich herumstehen, zur gleichen Zeit. Jetzt klatschen sie sogar in die Hände vor Begeisterung. Vorsichtshalber mache ich doch lieber wieder ein nachdenkliches Gesicht. Sonst weiß ich wieder nicht, was ich machen soll. Ich muss überlegen.

Wo ist denn bloß Michel? Ich finde mich hier überhaupt nicht mehr zurecht.

Hilfe!

Endlich entdecke ich Papa, hinten im Hof bei den Männern. Sie trinken zusammen Bier. Michel steht neben ihm und übersetzt wohl.

»Du solltest ein bisschen besser auf deine einzige Tochter aufpassen«, sage ich.

»Darauf bist du doch sonst nicht so versessen«, antwortet Papa. Ich finde ihn ganz schön frech.

»Heute Abend schon«, sage ich und versuche bedauernswert auszusehen. »Ich verstehe kein Wort hier, ich weiß nicht einmal, wo ich bin, und du stehst da und trinkst Bier.« Na, wenn das nicht wirkt.

Michel nimmt mich rasch beim Arm, schiebt mich zu den Kindern und sagt etwas auf Ewe. Die Kinder rennen los und kommen mit einem Spielbrett zurück, in dem mehrere kleine Kuhlen sind.

»Sie zeigen dir, wie es geht«, sagt Michel.

»Aber ich verstehe sie doch gar nicht!«

»Du musst ein bisschen Geduld haben und einfach beobachten, was sie machen.« Michel rollt mit den Augen und grinst. »Du bist doch nicht doof!«

»Nein, aber du«, sage ich und rolle auch mit den Augen.

»Nächstes Mal üben wir vorher Ewe«, sagt Michel, »damit du die Leute hier verstehst. Und doof sind wir beide nicht.«

Damit lässt er mich stehen.

Die Kinder nehmen meine rechte Hand und legen große, graue Samenkörner hinein. Dann machen sie mir vor, in welche Kuhlen ich sie legen soll. Nach einer Weile begreife ich ungefähr, worum es geht, und langsam vergesse ich meine Wut, die

Müdigkeit und meine ganze Herumnölerei. Mir fällt sogar der deutsche Name ein: Bohnenspiel.

Das Bohnenspiel macht riesig viel Spaß und es ist überhaupt nicht wichtig, dass wir verschiedene Sprachen sprechen. Sie reden Ewe und ich Deutsch und wir spielen und spielen, und ich glaube, sie lassen mich sogar einmal absichtlich gewinnen. Eigentlich ganz nett von ihnen.

Die Kinder sind begeistert und klatschen in die Hände.

Dann kommt mein Vater und sagt, dass das Essen auf dem Tisch steht.

»Ich möchte bei den Kindern bleiben.«

»Das geht nicht. Sie haben dir einen Platz am Tisch reserviert, im Wohnraum mit den Erwachsenen.«

»Was? Bei der Hitze?«

»Es ist eine Ehre für Bernards Familie, Gäste aus Europa zu bewirten. Und für dich soll es eine Ehre sein, mit den Erwachsenen an einem Tisch sitzen zu dürfen!«

Mein Vater sagt das sehr entschieden und ich fürchte, dass ich tatsächlich gehorchen muss. Na ja.

Und da sitze ich dann in so etwas Ähnlichem wie einem Wohnzimmer. An der Wand hängt ein riesiges Bild des Papstes. In der Ecke, neben einem Hochzeitsfoto von Bernard und seiner Frau Stella, steht ein Motorrad. Auf dem Tisch in der Mitte des

Raumes stehen eine Unmenge von Schüsseln und Schalen mit lauter Gerichten, die ich nicht kenne. Nur den Salat, den kenne ich. Aber den soll ich ja nicht essen! Ich habe nämlich gesehen, dass da im Hof ein Brunnen ist, aus dem das Wasser geholt wird. Und das Wasser zum Salatwaschen haben die Frauen vorher vielleicht nicht abgekocht.

Dann steht Bernard auf und alle anderen auch. Er spricht zuerst auf Französisch und dann auf Ewe ein Gebet. Das habe ich noch nie erlebt, dass man vor dem Essen betet. Irgendwie finde ich es sehr schön. Ich sehe, dass Papas Augen ein bisschen glitzern. Bestimmt ist er gerührt.

Stella ist wahnsinnig schön und furchtbar lieb. Sie reicht mir als Erste die Salatschüssel.

»Papa, was soll ich machen?«

»Nimm drei Blätter«, sagt er.

»Aber der Doktor im Tropenkrankenhaus . . .«

Zu blöd, ich esse für mein Leben gern Salat. Papa nimmt sich mindestens vier Blätter. Ob jetzt die kleinen Tierchen, die es angeblich in unge-kochtem Wasser gibt, meine Därme durcheinander bringen? Ich werde viel Brot dazu essen.

Und ganz vorsichtig und ganz langsam kauen. Vielleicht bringt das die Tierchen um. Stella lächelt mir aufmunternd zu. Ich lache zurück.

»Aaaaaaah, Doro«, sagt Stella und winkt mir zu.

Papa und ich sind an diesem Tisch die Einzigen mit einer weißen Haut. Ganz besonders unsere Gesichter sind schneeweiß. Das kommt bestimmt daher, weil wir so kaputt sind. Ich vergleiche meine Hand mit einer schwarzen, die neben mir auf der Tischdecke liegt.

»Quarktüte«, murmele ich. Papa hat es gehört. Er blinzelt mir zu.

Danach gibt es Foufou. Das sieht gut aus, wie ein riesiger, weißer Kartoffelkloß. Michel hat mir erklärt, dass Foufou aus großen Maniokwurzeln gemacht wird. Manchmal sind auch Kochbananen darunter. Wir wollen uns alle Ess-Sachen, die ich noch nicht kenne, zusammen auf dem Markt ansehen.

Als ich eine Schale mit einer roten Soße hingestellt bekomme, sehe ich, dass aus der Soße eine Hühnerkralle rausguckt.

Mein durchgeschwitztes T-Shirt war schon fast ganz trocken, aber jetzt ist es sofort wieder klatschnass. Soll ich mir etwa diese Hühnerkralle auf den Teller laden? Oder wozu sonst soll die gut sein? Vielleicht zum Umrühren?

»Michel, was ist denn das?«

»Damit ist das Huhn heute Morgen noch herumspaziert.«

»Du willst mich wohl veralbern!«

»Wenn du möchtest, darfst du sie essen.«

Mir wird beim bloßen Gedanken daran schon schlecht. »Ich glaube, ich möchte nichts aus der Schüssel.«

»Nimm von der Soße«, sagt Papa.

»Magst du Hühnerkrallen?«, frage ich ihn.

»Ich hab sie bis jetzt nicht probiert.«

»Meinst du, wir müssen jetzt immer so was essen?«

»Ich glaube nicht. Vielleicht hat man sie als Würze für die Soße mitgekocht.«

Na ja ...

Aber der Foufou schmeckt gut und schön klebrig ist er auch, fast wie Kaugummi. Der Riesenkloß wird mit einem Messer geschnitten, aber alle essen anschließend mit der Hand, nur mein Vater und ich nicht, weil wir das gar nicht können. Wir würden uns bestimmt von oben bis unten voll kleckern. Wir haben Messer und Gabel bekommen. Und mit der Soße, die ganz schön scharf ist, kann ich den Kloß ziemlich gut essen.

»Wo sind die Kinder?«

»Die essen draußen im Hof«, sagt Michel.

Zum Nachtisch gibt es riesige Mangos. Ihr Fruchtfleisch ist saftig und orangefarben. Sie schmecken mir am besten von allem. Ab heute möchte ich nur noch Mangos essen, beschließe ich. Bloß keine Hühnerkrallen!

## 5

# Mir bleibt vor Staunen der Mund offen

Was sind das für Geräusche, wo bin ich?

Es hört sich an wie Trommeln. Und dann wie eine Sirene. Ein Baby schreit, Hunde bellen. Auf jeden Fall bin ich nicht zu Hause in Hamburg, denn in unserem Haus kenne ich keinen, der trommelt oder ein Baby hat.

Mir ist warm. Stimmt überhaupt: Ich bin in Afrika! In Lomé in Togo! Wo ist meine Uhr? Halb neun ist es. Ich stehe leise auf und öffne meine Zimmertür. Im Flur ist es zwar ziemlich dunkel, aber wenn ich richtig sehe, liegen da mindestens drei Kinder auf Bastmatten und schlafen! Das ist ja ein Ding! Habe ich überhaupt nicht mitgekriegt, dass die hier übernachten.

Ich will mir etwas zu trinken holen. Leise gehe

ich zur Küchentür. In der Küche ist auch schon was los: Michel steht am Herd und kocht irgendetwas. Und eine Frau ist auch noch da. Kenne ich sie schon? Weiß ich jetzt nicht.

»Morgen, Doro«, sagt Michel. »Das ist Christina.«

»Bonjour«, sagt Christina und lächelt so nett und mit blitzenden Zähnen, dass ich glaube, sie hat mindestens doppelt so viele Zähne wie ich.

»Bonjour«, antworte ich. Das kenne ich von meiner Kassette. Mehr fällt mir so früh am Morgen aber noch nicht ein. Und meine Zähne sind noch ungeputzt, also lasse ich sie lieber nicht blitzen.

»Christina hilft uns im Haushalt«, sagt Michel.

»Und die Kinder da draußen im Flur?«, frage ich.

»Und sieben im Wohnzimmer«, sagt Michel, »die auch. Alles meine Verwandtschaft. Zehn Kinder sind es insgesamt.«

»Haben die alle bei uns geschlafen?«, frage ich und bin mal wieder sprachlos. Wieso habe ich davon nichts bemerkt?

»Ja, alle. Du weißt doch, in Afrika sagt man: ›Mein Haus ist dein Haus‹«, erklärt Michel.

»Wo haben sie geschlafen?«, frage ich.

»Im Wohnzimmer. Auf der Couch, auf einer Matratze, auf Bastmatten.«

Das finde ich irre. »In ihren Sonntagskleidern?«

»Na klar.«

»Und du?«

»Ich hab mir draußen im Hof eine Kuhle in den Sand gegraben. Schön warm und gemütlich. Der Hund hat sich zu mir gelegt.«

»Gibt es denn hier einen Hund?«

Mir bleibt vor Staunen der Mund offen.

»Klar, hinten beim Hausmeister.«

Ich renne auf den Flur, will durchs Wohnzimmer auf die Terrasse und dann zum Garten. Aber vorher muss ich noch mal anhalten. Da liegen tatsächlich noch vier Kinder, die mich anlachen. Wo sind die anderen drei?

Da höre ich das Wasser im Badezimmer rauschen.

»Drei sitzen in der Wanne«, sagt Michel. »Du musst noch ein bisschen Geduld haben, wenn du duschen willst.«

»Drei auf einmal?«

»Klar, das macht denen richtig Spaß! Zu Hause gibt's keine Wanne, dort wird mit einem Eimer geduscht.«

Jungejunge.

»Und wie putzen die sich die Zähne?«

»Hiermit«, sagt Michel und holt kleine Stöckchen aus seiner Tasche. »Da kaut man so lange drauf herum, bis die Zähne sauber sind. Wasser brauchst du dazu nicht.«

»Sehr praktisch, wo es hier doch so wenig Wasser gibt.«

Im Hof kommt ein winziger Hund auf mich zugelaufen. Da fällt mir ein französisches Wort von der Kassette ein. »Le loup«, der Wolf. Der hier sieht zwar ganz anders aus, aber der Name passt, finde ich. »Loulou«, locke ich ihn. Und tatsächlich, er wedelt mit dem Schwanz. Einige Kinder stehen schon wieder neben mir und klatschen begeistert.

»Doro et Loulou«, sagen sie und: »Ça va?« Das kenne ich auch noch. »Geht's gut?«, heißt das.

»Oui, ça va!«, antworte ich stolz.

»Michel, darf ich mal gucken, wo wir wohnen?«

»Meinst du, dass du mal aus dem Garten durch das Tor gehen willst?«

»Klar.«

»Doro, versprich mir, dass du das niemals allein machst! Du bist weiß und außerdem ein Mädchen. Die Kinder werden mit dir gehen, abgemacht?«

Er erzählt den vier Kindern, die mich dabei ansehen, eine lange Geschichte auf Ewe. Schade, dass ich das nicht verstehen kann. Aber an den Gesichtern kann ich ein wenig ablesen, was los ist. Die sollen auf mich aufpassen, und zwar gründlichst. Scheibenkleister.

Na ja.

Ist vielleicht doch besser so.

Wir machen das Tor auf. Und ich sehe eine staubige Straße aus roter Erde. Ich sehe auch ganz viele Frauen, die vorübergehen und alles Mögliche auf dem Kopf tragen, große Schüsseln mit Obst, Gemüse, mit Broten.

Und dann stehen drei Kinder vor mir, die aussehen wie die Schlümpfe in meinem Seesack, nur haben sie keine blauen, sondern dunkelbraune Gesichter. Die sehen mich vielleicht erschreckt an!

Ich lache, aber nur zwei von ihnen lachen zurück. Der eine kleine Schlumpf findet mich, glaube ich, total verrückt. Stimmt überhaupt: Ich bin weiß! Hätte ich fast vergessen.

Wir kaufen einer Frau ein paar Brote ab und gehen wieder zurück zum Haus.

Das Badezimmer ist immer noch besetzt. Ich höre Lachen und Geplätscher.

Wir frühstücken draußen. Mein Vater liegt wohl noch im Bett. Ist vielleicht ganz gut so. Ich glaube, den trifft der Schlag, wenn er sieht, dass wir hier mit über zehn Personen am Frühstückstisch sitzen. Morgens redet er nicht gerne viel. In der Mitte des Tisches liegen ganz kleine Bananen, Mangos, Apfelsinen und die Brote. Ein Messer ist da. Und eine Kanne mit Tee. Und ein paar Becher. Jeder nimmt sich, was er braucht. Gemütlich, finde ich. Und praktisch. Das gibt wenig Abwasch. Loulou ist auch da. Alle schnattern, nur ich nicht. Kommt selten vor, dass ich nicht rede, wenn so viele Leute um mich sind.

»Michel, du hast mir vorhin aber nur einen ganz kleinen Ausflug erlaubt«, sage ich, als es irgendwann einmal ein bisschen stiller ist.

»Wir gehen nachher zum Markt«, verspricht Michel. »Und danach haben wir eine Einladung zum Tam-Tam. Doro, du sprichst unsere Sprache nicht, du kennst den Weg hierher nicht. Ich werde dir einen Zettel mit unserer Adresse hier geben und Geld für ein Taxi. Und das trägst du immer bei dir.«

»Taxi? Das ist doch viel zu teuer! Gibt es hier keine U-Bahn oder Busse?«

Michel verschluckt sich fast vor Lachen. »U-Bahn überhaupt nicht, Busse ganz selten. Die fahren meistens nur aus der Stadt hinaus auf die Dörfer und in andere Städte. Aber nicht innerhalb der Stadt. Dafür gibt es viele, viele Taxis. Und die sind gelb und nicht teuer.«

Na gut. Dann habe ich eben schon wieder etwas dazugelernt.

»Wohnen wir hier im Zentrum?«

»Nein, aber nur zehn Taximinuten entfernt.«

»Haben wir hier ein Telefon, um ein Taxi zu bestellen?«

Wieder lacht Michel aus vollem Hals. »Ein Telefon? Bei der Hauptpost gibt es eins. Und in den Bürohäusern vielleicht. Du brauchst bloß zur großen Straße zu gehen und die Hand hochzuhalten. Dann hält irgendwann ein Taxi an.«

»Fahren da denn öfter welche?«

»Du wirst schon sehen.«

»Mann, Michel, du machst mich ganz verrückt mit deinem ›wirst schon sehen‹!«

»Doro, du musst nicht so ungeduldig sein. In Afrika braucht man ein bisschen mehr Zeit für alles.«

»Wenn du deine Familie besuchen willst, kannst du vorher nicht anrufen?«

»Nein, wir schicken Leute vor oder geben irgendwelchen Leuten, die in die Richtung fahren oder gehen, eine Nachricht mit.«

»Und das kommt an?«

»Meistens ja, es dauert nur ein bisschen länger.«

»Kannst du nicht mit der Post eine Nachricht schicken?«

»Wenn die Leute, an die ich schreibe, ein Postfach bei der Post haben, dann ja.«

»Bringt die Post keine Briefe ins Haus?«

»Nein.«

»Und wieso nicht?«

»Weil die meisten Leute keine feste Anschrift haben.«

»Wie, die haben keine Hausnummern hier?«

»Nein, nicht immer, zumindest die Wohnhäuser nicht.«

»An wen schickst du deine Briefe, wenn du in Deutschland bist?«

»An Bernard. Der hat hier in Lomé ein Postfach gemietet. Und er hat Telefon. Das kostet alles Geld. Viel Geld. Aber etwa hundert Leute dürfen Bernards Postfach mitbenutzen. Seine Kinder tragen dann die telefonischen Nachrichten und die Post weiter.«

Darüber muss ich erst einmal nachdenken. Bei uns im Haus schimpfen die anderen Mieter, wenn der Postbote die Post mal eine halbe Stunde später bringt. Ist alles schon ein bisschen anders hier. Interessant, würde mein Opa sagen. Das sagt er sehr oft; meistens, wenn er nicht mehr so richtig durchblickt.

»Interessant«, sage ich zu Michel. Der sieht mich mit großen Augen an.

Finde ich gut, dass wir hier im Haus keinen Briefkasten und kein Telefon haben. So bin ich wenigstens sicher, dass mein Vater nicht ständig von irgendwelchen Zeitungsleuten gestört wird. Schön ruhig wird das werden. Obwohl: Wenn hier immer so viele Leute um uns sind, muss ich mich wirklich daran gewöhnen. Aber wenigstens nehmen die mir meinen Papa nicht weg.

# 6

## Krokodile auf dem Frühstücksbrot und Tam-Tam

Der Marktbesuch ist ausgefallen. Mein Vater war zu müde und ist ziemlich lange im Bett geblieben. Und Michel wollte noch in die Kirche, denn heute ist Sonntag. Die Kinder sind mit ihm gegangen. Christina auch. Ganz still ist es jetzt im Haus, wie manchmal bei uns zu Hause.

Ich habe mich zu Loulou in den Garten gesetzt, in den Sand. Plötzlich erblicke ich zwei riesige Käfer.

»Papa!«, rufe ich. »Komm mal schnell. Du traust deinen Augen nicht! Du glaubst es einfach nicht!«

Mit Rasierschaum im Gesicht steht mein Vater da und schaut sich die Käfer an. So etwas habe ich noch nie gesehen!

Die Käfer sehen aus, als würden sie sich miteinander unterhalten. Vielleicht tun sie das sogar. Leguane habe ich auch schon gesehen. Die hängen hier oft an den Mauern. Sie haben Vorderpfoten mit ganz kleinen Händchen dran. Ich winke. Vielleicht winken sie ja zurück. Tun sie aber nicht. Müssen sich wohl erst noch an Loulou und mich gewöhnen. Nur wenn ich längere Zeit still sitze, kommen sie ganz nah heran. Ich versuche mir im Schatten eines riesigen Hibiskus eine Kuhle zu graben, so wie Michel das gemacht hat. Da lege ich mich hinein und schlafe tatsächlich gleich ein.

Ich träume. Von Krokodilen auf meinem Frühstücksbrot und Nilpferden unterm Kopfkissen, von Kokosnüssen als Halskette und von Kaffeesträuchern in Blumentöpfen.

Als ich wieder aufwache, steht mein Vater neben mir und sagt: »Doro, guck mal hoch.« Ich richte mich auf und sehe in mindestens fünfzehn schwarze Gesichter, die mich anlachen.

»Verdammt, kann ich hier nicht einmal allein ein Nickerchen halten«, sage ich.

»So ist das in Afrika«, erwidert mein Vater und lässt mich in meiner Kuhle liegen. Loulou hat schon die Flucht ergriffen.

»Ist die Dusche wenigstens frei?«

»Sieh doch selber nach!«

Die Dusche ist frei. Dafür das Klo nicht.

Na ja. Ich bin halt nicht in Hamburg, wie Michel sagt.

Also pinkle ich ausnahmsweise mal in die Dusche.

Endlich bekomme ich etwas mehr von der Stadt zu sehen. Wir fahren mit einem abenteuerlichen Taxi in ein Stadtviertel, das heißt Tokoin.

Ich sehe etwas mehr durch die Fenster als gestern Abend, denn heute sitzen wir nur zu fünft auf dem Rücksitz. Das Taxi klappert und knattert und ruckelt und zuckelt. Aber es fährt, und wie! Mein Vater hält eine Tür fest, weil die sonst rausfallen könnte. Gleich rasiert der Fahrer noch irgendwem die Füße ab oder er fährt ein Huhn oder eine Ziege um, die hier überall durch die Stadt rennen.

Ich komme mir vor wie in einer Geisterbahn.

»Michel, ist das immer so? Sag jetzt bloß nicht: Du wirst schon sehen!«

Michel sitzt vorne mit zwei Kindern auf dem Schoß. Er hat wegen des Fahrpreises verhandelt. Das tut man hier, ehe man einsteigt, habe ich gerade gelernt. Und Papa und ich sollen immer den Mund halten dabei, sonst ist der Preis am Schluss mindestens doppelt so hoch.

»Hier wird zügig gefahren«, antwortet Michel.

»In Hamburg würden sie ihm den Führerschein

wegnehmen«, antworte ich. Eigentlich habe ich Schiss, muss ich zugeben. Eine gemütliche U-Bahn wäre mir lieber. Aber dann würde ich natürlich wenig mitkriegen von alledem, was hier auf der Straße los ist. Und das ist eine Menge!

Ich kann es kaum beschreiben. Wenn wir irgendwo halten, stürmen sofort Leute auf das Auto zu, weil sie sehen, dass Weiße darin sitzen. Sie wollen uns alles Mögliche verkaufen. Mir macht das ein bisschen Angst, wie sie alle auf uns einreden und uns Sachen ins Auto reinhalten: Hosen, Taschen, T-Shirts, Schokolade, Kassetten, Seife, Zahnbürsten, Schuhcreme, Zeitungen. Dann sehe ich noch Behinderte auf selbst gebastelten Wägelchen oder Krücken, die ihre geöffneten Hände ebenfalls hinhalten. Und ich höre überall Musik, laute, dröhnende afrikanische Musik aus Musikboxen, die an jeder Straßenecke stehen.

»Mir wird richtig schwindlig, Papa«, sage ich.

»Keine Angst, Doro. Die Menschen möchten etwas Geld verdienen, das ist alles. Sie versuchen es halt nicht nur bei unserem Taxi.«

Ruckartig fährt das Auto an. Ich fliege in den Sitz zurück, klammere mich an Nadine fest, die auf meinem Schoß sitzt. Sie lacht. Ob die Kinder auch mal traurig sind? Dann fahren wir fast nur durch Nebenstraßen und Michel erklärt, dass wir das nur machen, weil die Hauptstraßen zu voll sind. Die Nebenstraßen sind aus rotem Sand. Und überall sind massenweise Menschen unterwegs. Wie bei uns am Samstagvormittag auf dem Jungfernstieg in der Hamburger Innenstadt. Zu Fuß, auf Rädern, mit Karren. Ich sehe Frauen, die schrecklich bepackt sind: ein Kind vorne an der Brust, eins auf dem Rücken und große, gefüllte Körbe auf dem Kopf. Ich schäme mich direkt, so bequem in einem Taxi zu fahren, auch wenn wir hinten zu fünft sitzen. Einerseits macht mich dieses bunte Treiben, wie Papa das nennt, froh. Auf der anderen Seite stimmt es mich aber auch sehr nachdenklich. Die Menschen hier sind bestimmt nicht nur zum Spaß so schwer beladen unterwegs. Ich drücke mich zu Hause schon davor, wenn ich Papa helfen soll am Freitagnachmittag die Wochenendeinkäufe in den zweiten Stock zu schleppen. Hier tragen Kinder in meinem Alter sogar schon ihre Geschwister auf dem Rücken.

Als wir anhalten, reißt sofort jemand die Autotür auf.

»Das ist Sammy«, erzählt Michel, »der wird uns auf den Reisen durch Togo und Ghana begleiten.«

»Woher weiß er, dass wir jetzt kommen wollten? Du konntest ihn doch gar nicht anrufen?«

»Sammy hat hier gewartet.«

»Wie lange?«

»Zwei Stunden«, sagt Sammy auf Deutsch.

Ich starre ihn an. »Kannst du Deutsch?«

»Ein bisschen«, sagt Sammy. »Hab ich hier im Goethe-Institut gelernt. Aber mein Französisch und mein Englisch sind besser.«

Ich bin selig. Endlich ist noch jemand da, der Deutsch versteht!

»Ich möchte bei Sammy bleiben«, sage ich schnell, »der ist nett. Zeigst du mir auch mal das Goethe-Institut?«

»Klar«, sagt Sammy.

»Er kann dir auch meistens übersetzen, was die anderen erzählen«, sagt Michel. Und schon sind wir mitten im Trubel. Ich höre das dumpfe Geräusch von Trommeln, laut und schön. Das Trommeln geht mir bis in den Bauch und dröhnt dort weiter. Mein Herz klopft. Sammy nimmt mich an der Hand und führt mich vorbei an vielen niedrigen Häusern, die die gleiche Farbe haben wie die braunrote Erde unter unseren Füßen. Die Dächer sind, glaube ich, aus Wellblech. Die Straßen sehen hier alle so ähnlich aus. Vor den Häusern aus Lehm entdecke ich eine lange, schmale und tiefe Rinne, in der eine schwarze Brühe fließt.

»Was ist das?«

»Für die Abwässer«, sagt Michel.

»Und wenn da die kleinen Kinder hineinfallen?«

»Die hat die Mama meistens auf dem Rücken oder vorm Bauch«, sagt Michel, »und sonst fischt man sie eben wieder heraus.«

Sehr frisch riechen die Abwässer nicht.

Interessant, würde Opa sagen.

Schon wieder überall Ziegen, Hühner, Katzen. Und Hunde, die sich ständig kratzen.

Und überall fröhliche Menschen in den buntesten Kleidern, die ich jemals gesehen habe. Die Frauen sehen gemütlich und mollig aus, und mein Vater und ich kriegen ein richtiges Sofa angeboten, das vor einer Hauswand steht. Die Leute singen und klatschen, die Trommeln trommeln, aus den Rasseln kommen fröhliche, wilde Geräusche. Ich sehe die runden Rücken der Frauen vor mir auf der Bank, ein Mann ruft ihnen zu mitzutanzen.

Jetzt tanzen sie alle miteinander, mit weißen Tüchern in der Hand. Das ist wohl für den Schweiß, denke ich mir. Denn jetzt schwitzen auch sie. Ich habe entdeckt, dass mein Vater und ich ständig schwitzen und bestimmt drei Meilen gegen den Wind stinken müssen. Die Menschen hier schwitzen kaum. Die sind es gewohnt, in der Sauna zu leben.

Vorne in die Tücher um ihren Bauch haben die rundlichen Mamas Püppchen aus Holz gesteckt.

»Was sind das für Dinger?«, frage ich Sammy.

»Das sind Fruchtbarkeitspüppchen.«

»Aha«, sage ich nur. Ich weiß zwar, was es heißt, wenn eine Frau fruchtbar ist, aber weshalb sie hier Püppchen beim Tanzen am Bauch tragen, ist mir deswegen immer noch nicht klar. Muss ich Michel nachher noch fragen.

Plötzlich wirft mir eine Frau ein Tuch in den Schoß.

»Du sollst mit ihnen tanzen«, sagt Sammy.

»Aber das kann ich doch gar nicht«, sage ich und mache schon wieder fast in die Hosen vor Angst.

»Sie zeigen es dir.«

Ich gehe mit Knien aus Wackelpudding zu den Frauen, die mir zeigen, wie ich mich bewegen soll. Die Musik ist super, ganz im Gegensatz zu mir. Egal was ich probiere, die Zuschauer kringeln sich vor Lachen.

Ich bin erleichtert, als ich mich endlich wieder hinsetzen darf. »Das war gut«, sagt Sammy und kneift meine Hand.

»Käse war das«, sage ich.

»Was Käse?«, fragt Sammy.

»Ist schon gut«, antworte ich und möchte vor Scham in den Boden versinken. Ich finde, ich habe wie ein Besenstiel getanzt.

# 7

## Am Straßenrand rasen die Palmen vorbei

Heute fahren wir nach Togoville. Seit drei Tagen sind wir jetzt in Lomé. Und nun haben wir einen kleinen Rucksack gepackt mit dem »Allernötigsten«, wie mein Vater meint. Ich hab mein kleines Kuschelkissen und die Schottendecke aus dem Flugzeug mitgenommen, weil die wie ein Stückchen Zuhause für mich sind. Ab und zu ist mir ganz mulmig, wenn ich tausend Sachen erlebe, die total neu und total fremd für mich sind. Zum Beispiel:

Ich bin hier nie richtig allein, um mal in Ruhe darüber nachzudenken, was ich so alles erlebe. Wenn wir nicht unterwegs sind, sondern in unserem gemieteten Haus, dann geht ständig die Klingel. Immer wieder sind es irgendwelche Verwandten von Michel oder Freunde. Und alle wollen uns, die Gäste aus Deutschland, besichtigen. Am Anfang fand ich das noch ganz witzig, aber jetzt nicht mehr.

Einmal bin ich mit Papa und Sammy allein in einem Taxi an den Strand gefahren. Wir wollten zu dritt spazieren gehen und bis zur Grenze nach Ghana laufen. Und dann irgendwo eine Cola trinken. Ich trinke hier nur Tee und Cola, und zwar so viel, wie ich will. Schon wieder ganz anders als zu Hause. Dort kriege ich nur ein Glas pro Tag. Aber in den Tropen ist Cola gesund, sagt mein Vater.

Hier in Togo sind keine Touristen und der Strand ist fast menschenleer. Nur als wir später am Boulevard von Lomé aus dem Taxi steigen, sehen wir viele Menschen in der Hocke am Strand sitzen, ganz still.

»Du, Papa, was meinst du, sehen die sich das Meer an und die Sonne, so einfach und gemütlich? Ruhen die sich von der Arbeit aus?«

Keine Ahnung hatte ich!

»Das tun sie vielleicht auch, mein liebes Kind«, sagte Papa, »aber an erster Stelle machen sie dort ihr Geschäft!«

»Wie meinst du?« Ich hab richtig Herzklopfen, schon wieder.

»Die sitzen dort, um ihr großes Geschäft zu erledigen, weil sie zu Hause keine Toilette haben.«

»Du meinst, die machen da einfach hin?«

»So kannst du es auch nennen, Doro. Das Meer nimmt alles mit sich fort. Es ist sehr hygienisch.«

»Und die Leute, die wir vom Taxi aus auf diesen Wiesen am Fluss gesehen haben, die dort alle in der Hocke saßen? Ich dachte, die sehen sich die Blumen an oder sammeln Kräuter. Haben die auch dort hingemacht?«

»Du hast es erfasst, Doro. In Indien ist das genauso. Es gibt bestimmte Stellen in den Städten und Dörfern, an denen die Menschen ihre Bedürfnisse erledigen. Die Sonne trocknet alles aus. Und wenn der Fluss über die Ufer tritt, nimmt er alles mit ins Meer. Es ist menschlicher Dünger. Außerdem ist es eine saubere Sache. Sie brauchen keine Türklinken anzufassen, wodurch sie sich Krankheiten holen können.«

»Ich mach aber nicht auf so eine Wiese oder an den Strand, das schwör ich dir!«

Nicht auszudenken, entsetzlich, sich einfach hinzuhocken und . . .

»Das brauchst du auch nicht. Wenn du irgendwo unterwegs eine Toilette siehst, benutze sie, auch wenn du vielleicht noch gar nicht so dringend musst, abgemacht?«

Den Strand entlang bis zur Grenze nach Ghana spazieren will ich nicht mehr. Sonst fühlen sich die Menschen vielleicht von uns gestört.

»Es weht so doll. Können wir nicht hier oben entlanggehen? Unten am Strand fliegen uns sonst noch die Köttel um die Ohren.«

»Doro, jetzt reicht's!«

Wir bleiben also oben auf der Straße, wo das Leben noch aufregender ist als in einem Film. Wir bekommen Geld angeboten (zum Wechseln), gekochte Hühnereier in Massen, frische Erdnüsse, noch an den Stielen.

Dann kommt eine Frau mit Kokosnüssen. Sammy leiht sich ihre Machete aus, haut ruck, zuck die Kappe ab und bietet mir eine an.

»Trink«, sagt er, »das ist gesund.«

Es schmeckt irre, finde ich (interessant, Opa!). Und mit der Kappe soll ich jetzt die Kokosnuss wie ein Ei auslöffeln. Das weiße Fruchtfleisch ist noch ganz weich und wirklich lecker.

Ja, der Boulevard von Lomé ist echt aufregend.

Eigentlich erlebe ich jede Minute, nein, jede Sekunde neue Sachen.

Und deshalb muss ich für die Fahrt nach Togoville mein Kissen und meine Decke einpacken. Das ist dann mein kleines Zuhause für unterwegs. Ich kann, wenn ich eigentlich allein sein möchte, schnell das Flugzeugkissen nehmen und die Schottendecke und mich irgendwo einfach hinkuscheln und nachdenken. Ich will es wenigstens versuchen.

Die Busfahrt ans Ufer des Lac du Togo (See von Togo) war eine Höllenfahrt. Ich kniff meinen Vater die ganze Zeit in die Hand, weil ich glaubte, der Bus hebt ab. So schnell fuhr der Fahrer. Die Palmen am Straßenrand rasten vorbei und mit der gleichen Geschwindigkeit flog der Bus durch die Dörfer. Fast ein Wunder, dass nichts passiert ist. Trotzdem, das mache ich nicht mehr mit. Da soll mein Vater vorher mit dem Fahrer reden. Mir machen solche Fahrten richtig Angst. Neben mir saß eine Frau mit einem Huhn auf dem Schoß. Das Huhn gackerte ständig, bestimmt auch vor Angst. Die Frau wickelte ein Tuch um das arme Huhn. Schade, dass ich nicht das Huhn war und auf ihrem Schoß im Dunkeln sitzen durfte. Michel und Sammy saßen vor uns. Denen scheint so etwas nichts auszumachen.

»Michel, das war ein Hell's-Driver!«, sagte ich. (Das hab ich mal in einem Film über Motorradfahrer gehört. Fand ich so stark, dass ich es nie vergessen habe.)

Michel hat sich wieder schlapp gelacht und mir zum Trost am Straßenrand viele winzige Bananen gekauft. Ich habe noch nie solche leckeren Bananen gegessen, super! Meine Angst verschwindet allmählich.

Den Höllenfahrer habe ich allerdings geradewegs zur Hölle gewünscht.

55

Wir werden mit einem Einbaum ans andere Ufer des Sees gebracht. Ist das aufregend!

In Togoville wohnt ein Onkel von Michel, der heißt Joachim.

»Wieso hat der einen deutschen Namen?«

»Weil die Deutschen hier ganz lange gewesen sind«, erzählt Michel. »Bis 1914.«

»Was haben die hier gemacht?«

»Hauptsächlich Kirchen und Schulen gebaut.«

»Und jetzt sind sie nicht mehr da?«

»Nein, Togo ist eine Republik geworden und will eine freie Demokratie werden, unabhängig von europäischen Ländern.«

Mein Vater hat mir zu Hause noch erzählt, dass die Weißen aus Europa zwar beim Aufbau von Straßen, Schulen und Krankenhäusern geholfen haben, aber sie haben das Land auch ausgeplündert. Viele Wälder sind kahl geschlagen, weil man das Holz der Tropenbäume nach Europa gebracht hat und immer noch bringt.

Und noch viel früher haben die Weißen die Schwarzen einfach verschleppt, auf Schiffe zusammengepfercht und als Sklaven nach Amerika verkauft. Dort mussten die Afrikaner auf Kaffee- und Baumwollplantagen schuften. Dabei sind ganz viele von ihnen vor Kummer und Elend und an Krankheiten gestorben.

Trotz alledem sind die Menschen hier jetzt freundlich zu uns.

Vielleicht auch, weil wir zu ihnen kommen und mit ihnen im Bus reisen und ein bisschen versuchen zu verstehen, wie sie leben? Wir freuen uns, dass wir ihre Gäste sein dürfen, und das zeigen wir ihnen auch. Auch wenn ich ab und zu ein bisschen merkwürdig gucke, weil so viel Neues passiert. Und Michel übersetzt es auch immer wieder für sie, dass wir sie mögen. Denn bis jetzt habe ich noch niemanden getroffen, den ich *nicht* mag. Eigentlich ist das ganz toll. Mein Opa zum Beispiel kommt aus Amsterdam. Und der schimpft immer noch auf die Deutschen, obwohl der Zweite Weltkrieg schon längst vorbei ist. Doch ein bisschen verstehen kann ich meinen Opa in Amsterdam auch, wenn ich höre, was die Deutschen damals in den Niederlanden für schlimme Sachen gemacht haben.

Aber hier in Togo werden wir überall mit offenen Armen empfangen. Einfach umwerfend finde ich das.

# 8

## Ziegen auf dem Grab

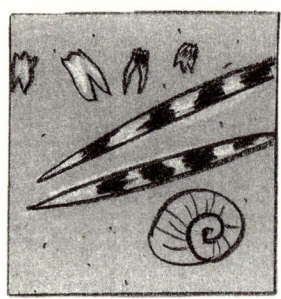

Als wir am anderen Seeufer bei Togoville aussteigen, stehen sofort Unmengen von Kindern vor uns.

»Papa, denen möchte ich meine Schlümpfe schenken, die sehen soo lieb aus.«

»Warte ein bisschen, bis Michel mit ihnen gesprochen hat.«

Michel ist schon dabei, mit ihnen zu reden.

»Es ist Markt heute. Er dauert noch gut eine Stunde. Wollen wir den erst ansehen?«

Ich bin begeistert!

Die Kinder kommen mit und zeigen uns einen selbst gebastelten Karren aus dicken Holzstämmen und Bambuszweigen.

Michel setzt sich sofort darauf. Es kracht ganz gefährlich.

»Michel, du machst denen noch ihr Auto kaputt mit deinen zwei Zentnern!«, sage ich wütend.

Aber der Karren hält. Trotzdem fand ich das ein bisschen frech von Michel. Wer weiß, wie lange die daran gebastelt haben!

Wir kaufen für den Abend ein. Den ganzen Tag über essen wir fast nur Bananen, Mangos, Papayas, Apfelsinen, Kokosnüsse und ab und zu ein hart gekochtes Ei und ein Stück Brot. Abends soll es warmes Essen geben, unter freiem Himmel.

Plötzlich entdecke ich einen Mann, der zwei schwarze Skorpione über seine nackten Arme spazieren lässt.

»Michel, warum macht der das?«

»Er ist ein Zauberer und Medizinmann. Er zeigt den Leuten, wie viel Macht er hat.«

Neben dem Mann steht eine Tafel, auf der man sehen kann, welche Krankheiten er heilt. Auf einem Tuch liegen Instrumente, Kräuter und andere Dinge, die ich noch nie gesehen habe. Das Einzige, was ich kenne, sind Hühnerfedern.

»Nicht fotografieren«, sagt Michel. »Das macht ihn wütend.«

Schade, das hätte ich gern mal in Hamburg gezeigt.

Ich denke übrigens immer weniger an Hamburg.

Und die vielen Menschen stören mich auch immer weniger.

Ich finde es schon richtig gemütlich. Manchmal habe ich das Gefühl, als wenn ich ein bisschen mit Michel verwandt sein darf. Ein ganz neues und ein gutes Gefühl ist das.

»Wozu ist die Zange da?«

»Damit zieht er Zähne.«

Na ja.

»Gibt es hier auch einen Zahnarzt?«

»Klar, und auch eine Klinik. Aber manche Leute mögen lieber zum Medizinmann gehen. Die fürchten sich vor den Ärzten.«

»Womit betäubt der Zaubermann denn einen Zahn?«

»Dort auf der Decke liegen Kräuter, siehst du.«

Gut, dass ich vor der Reise mein Gebiss noch habe nachgucken lassen. Mir schaudert, wenn ich die Zange da sehe.

Wir gehen weiter. Ich kann von den Farben und den Gerüchen gar nicht genug kriegen. Wie langweilig unsere Märkte in Hamburg dagegen sind! Bis auf den Fischmarkt am Hafen, am Sonntagmorgen. Oder den unter der U-Bahn-Brücke in Eppendorf, an der Isestraße. Die sind auch schön.

Aber hier ... Stoffe, Gemüse, Gebäck, Obst, Getreide, Gewürze, Fische! Alle Waren sind wunderschön ausgelegt und aufeinander gestapelt. Wie fürs Foto. Aber die Frauen zeigen meinem Vater, dass sie nicht aufs Foto wollen.

Am liebsten möchte ich überall etwas kaufen. Aber Lebensmittel verderben hier sehr schnell. Außerdem wollen wir morgen zu Fuß durch die Savanne zu einer Kokosnussplantage von Onkel Joachim. Und da kann man nicht so viel mitnehmen ...

»Du, Michel, hier sitzen nur Frauen und Kinder, die verkaufen.«

»Stimmt«, sagt Michel, »die Frauen verdienen sich auf dem Land hauptsächlich so ihr Geld und die Kinder helfen mit.«

»Müssen die nicht in die Schule?«

»Nein, jetzt haben sie Ferien, genau wie du.«

»Gehen hier alle Kinder zur Schule?«

»Fast alle. In der Schule lernen sie Französisch und Lesen und Schreiben und Rechnen. Aber sie malen auch und machen Musik, genau wie bei dir in der Schule.«

»Können die hier auch studieren?«

»Hier in Togoville nicht, aber Lomé hat eine Universität. Es gibt aber auch immer noch viele Leute hier, die nicht lesen und schreiben können.«

»Darf ich von dem Gebäck da etwas kaufen?«

»Frag deinen Vater.«

61

»Doro, du solltest für dich entscheiden. Noch sind deine Därme in Ordnung«, sagt Papa.

»Ich hab so einen Hunger auf die Dinger. Die sehen fast aus wie Silvesterkrapfen.«

»Na gut, kauf dir eins.«

Die Frau öffnet einen Glaskasten, in dem die Teigkugeln liegen. Ich beiße sofort hinein. Sie lacht.

Abends habe ich leider Durchfall. Aber Papa auch, obwohl der gar keine Teigkugel gegessen hat. Vielleicht kommt es doch von den Salatblättern?

Aber vorher legen wir uns auf den Platz vor der Kirche. Dieser Platz wurde extra gebaut, als der Papst vor einigen Jahren Togoville besuchte. Togoville hat nämlich sonst nur Straßen und Plätze aus rotem Sand.

Michel will eine Unterkunft suchen. Die Kirche hat auch Hütten, die sie vermietet. Aber leider ist alles belegt. Er will mit Sammy weitersuchen.

Papa und ich haben uns auf die Rucksäcke gelegt.

Plötzlich steht der eine Junge wieder vor mir. Ich hole einen meiner Schlümpfe aus meinem Rucksack. Er ist der erste, den ich verschenke. Michel hat gesagt, ich sollte sie für die Kinder auf dem Land aufheben, die hätten noch nie einen Schlumpf gesehen.

Als ich dem Jungen den Schlumpf gebe, kommen mir fast die Tränen. Ich habe noch nie in meinem Leben jemanden gesehen, der sich so über ein Geschenk von mir gefreut hat. Ich habe auch noch nie ein Kind gesehen, das so mit einem einzigen Schlumpf spielen kann. Ich glaube, ich selber kann das gar nicht mehr, weil ich zu viele Schlümpfe habe.

Der Junge bleibt in meiner Nähe.

Ich werfe einen Blick zur Seite. Papa liegt seelenruhig auf seinem Rucksack und schnarcht mal wieder. Was der alles verpasst!

Manchmal finde ich ihn ganz schön alt und dann wieder auch ganz jung. Jetzt allerdings kommt er mir richtig alt vor.

Michel und er sind fast gleichaltrig.

Bloß, wenn ich Michel sehe, wie er mit den Kindern hier herumrennt und verrückte Sachen macht, und dann meinen Vater mit ihm vergleiche ...

Na ja.

Vielleicht sind die Männer in dem Alter hier in Afrika noch ein bisschen flotter. Bis jetzt allerdings kenne ich nur einen so richtig: Michel.

Da sind Sammy und er wieder.

Sie haben im Ort zwei Zimmer gefunden, zum Glück!

Ich kriege eins ganz für mich allein. Mit einem Waschbecken und einem eigenen Klo (ohne Tür). Das ist gut. Ich habe nämlich immer noch ein bisschen Durchfall, dann brauche ich nicht so weit zu gehen. Die Zimmertür lässt sich nicht abschließen. Aber hier kommt nichts weg, sagt Michel.

Wir gehen in eine Kneipe, die heißt »Jerusalem«.

Genau gegenüber sind ein paar Gräber. Auf denen spielen gerade Ziegen.

»Sind hier die Gräber immer mitten im Dorf?«, frage ich Michel.

»Ja, warum nicht? Man begräbt die Toten einfach da, wo Platz ist. Und sie sollen in unserer Nähe sein.«

Wir trinken Cola und essen Obst, Brot und Eier dazu. Heute wird leider doch nicht gekocht. Christina ist auch nicht mit uns gekommen, sondern in Lomé geblieben. Schade, sie ist so lieb, ich mag sie wirklich gern. Michel ist noch nicht verheiratet. Ich werde ihm vorschlagen Christina zur Frau zu nehmen. Mal sehen, was er sagt.

Als es ganz dunkel geworden ist und wir so müde sind, dass wir kaum noch aus den Augen gucken können, fängt eine Frau an die Stühle ins Haus zu bringen.

»Warum macht sie das?«, frage ich. »Ich denke, hier kommt nichts weg.«

Michel spricht mit der Frau und lacht.

»Man stiehlt ihr nachts sonst die Stühle, um Brennholz daraus zu machen.«

Das wundert mich. Hier gibt es doch Bäume, wohin ich sehe. Na ja. Bei uns in Hamburg werden nachts auch die Stühle aus den Parks geklaut, zum Beispiel rund um die Außenalster. Bloß machen die Diebe daraus wohl kein Brennholz, schätze ich.

## 9

## Deine Haare, meine Haare

Und dann der nächste Morgen! Ganz früh werde ich wach von dem Gesang vieler Menschen. Wunderschöne Lieder singen sie! Dabei ist es erst sechs Uhr. Ob die jetzt aufs Feld gehen, zur Arbeit?

Nach dem Frühstück gehen wir erst zu Onkel Joachims Hof, der mitten im alten Dorf liegt. Auf dem Weg dorthin kommen immer mehr Kinder dazu, singen und lachen. Sie möchten uns begleiten und mich anfassen, übersetzt Michel.

»Dann sag ihnen, dass ich ihre Haare auch anfassen will.«

Und schon stehen wir da und fassen uns an. Sie meine Haare, ich ihre. Es ist das erste Mal, dass ich die Haare von afrikanischen Kindern berühren kann. Sie fühlen sich ganz außergewöhnlich an.

Wie soll ich das beschreiben? Ich schließe die Augen, streichle noch einmal einem kleinen Jungen über seine ganz kurzen Haare. Jetzt weiß ich es: Es fühlt sich an wie das Fell von dem kleinen Fohlen, das ich im letzten Frühjahr gestreichelt habe. Und es fühlt sich auch an wie der tolle Teppichboden, über den ich mal barfuß gegangen bin. Das war in einem todschicken Hotel in Amsterdam, in dem ich einmal mit Papa übernachtet habe.

Ich mache die Augen wieder auf und sage: »Demnächst verlange ich dafür Eintritt!«

Einen Moment später möchte ich mir am liebsten die Zunge abbeißen. Schließlich fasse ich sie ja auch an.

Onkel Joachims Familie kommt begeistert herbeigelaufen, als Michel und Sammy mit uns durch das Tor treten.

Wir sollen uns erst hinsetzen, auf die Treppenstufen im Hof.

Die Treppen führen in einen leeren Raum mit zwei Fenstern.

Es werden Stühle gebracht, es wird gefegt.

Und dann kommt eine Frau und bringt einen Behälter mit Wasser. Erst trinkt Onkel Joachim, danach schüttet er in drei Himmelsrichtungen ein bisschen Wasser in den roten Sand.

Dabei sagt er etwas. Michel erzählt mir später, dass

alle Gäste, die von fern kommen, so begrüßt werden. Onkel Joachim hat gesagt: Frieden, Freundschaft und Gesundheit.

Schön finde ich das, so eine feierliche Begrüßung. Fast wie in der Kirche. Danach macht Michel das Gleiche. Jetzt ist Papa dran. Ich gucke genau zu, wie er das mit dem Trinken macht, denn das Wasser kommt direkt aus dem Brunnen und daneben ist das Klohäuschen, das habe ich schon gesehen . . . Papa mogelt, zum Glück. Dann mache ich das auch, als sie mir den Behälter geben. Ich tue so, als trinke ich, streue hier und dort etwas Wasser hin und sage dazu: »Ich bin gern in Togoville.« Erst danach kommen Onkel Joachims Frau und seine Kinder an die Reihe.

Onkel Joachim zeigt uns ein bisschen von Togoville und danach gehen wir einen langen, wunderschönen Weg aus roter Erde entlang. Links und rechts neben der Straße wachsen Bäume und Pflanzen, die ich noch nie vorher gesehen habe, auch nicht in den tropischen Gewächshäusern in Hamburg.

»Das hier ist eine Savannenlandschaft«, sagt Papa.

»Am liebsten möchte ich hier sitzen bleiben und nur gucken und zuhören«, sage ich. Ich höre Vogelgeschrei und andere Tiere. Sonst gar nichts. Autos gibt es hier nicht, höchstens Fahrräder.

Ich beschließe aber doch mitzugehen. Ich muss

sogar tüchtig ausschreiten, weil Michel so große Schritte macht. Seine Verwandten sind alle barfuß, nur er nicht.

»Warum hast du Schuhe an?«, frage ich Michel.

»Warum hast du denn welche an?«, fragt er mich.

»Weil ich sonst nicht laufen kann, bei den Steinen und dem Gestrüpp hier.«

»Siehst du. Ich auch. Ich bin schon zu lange in Europa und trage deshalb Schuhe. Mir tut das inzwischen genauso weh wie dir.«

Dann gehen wir in einen Seitenweg, Onkel Joachim vorneweg. Es ist ein aufregender Spaziergang. Wir können nur wie im Gänsemarsch hintereinander gehen. Links und rechts wachsen hohe Sträucher und Bäume.

»Gibt es hier Löwen, Michel?«, frage ich.

»Mal sehen«, antwortet er.

Eigentlich weiß ich aus den Fotobüchern über Westafrika, dass es hier keine Löwen mehr gibt. Aber vielleicht hat sich zufällig doch noch einer verlaufen? Das wär doch einfach Spitze! Ich hoffe jedenfalls, dass einer kommt.

Plötzlich stehen wir vor einer braunroten Hütte, mitten zwischen Kokospalmen.

Eine Frau mit einem roten Tuch kommt heraus, sie trägt ein kleines Kind.

Sie ist ganz verlegen. Ich weiß auch nicht, was

ich machen soll. Zum Glück zeigt Michel einem der Jungen, der mitgekommen ist, welche Kokosnüsse wir haben möchten.

Ich traue meinen Augen nicht, als ich sehe, wie der Junge barfuß und mir nichts, dir nichts wie ein Blitz den Baum hochflitzt. Wenn ich überlege, wie viel Mühe ich mir in der Turnstunde geben muss, um auch nur einen einzigen Meter am Seil zu schaffen ...

Der Junge hat eine Machete mitgenommen, er kappt hick-hack die Kokosnüsse ab und wirft sie rums! im hohen Bogen nach unten.

Plumps! Sie fallen nacheinander auf die rote Erde, dicht neben unsere Füße.

»Doro, geh ein bisschen zur Seite, sonst passiert noch was.«

»Immer ich! Du stehst doch selber fast unter dem Baum. Nachher müssen wir dich noch auf den Marktplatz zum Skorpion-Medizinmann tragen, dann kann der dir mit seiner Zange den Kopf ausbeulen.«

Mein Vater muss lachen. Und Michel auch.

Die anderen lachen mit, sie freuen sich immer, wenn wir lachen. Ich glaube, sie finden uns eigentlich ganz schön ernst.

»Michel, warum lachen die Menschen hier so viel?«

»Für Afrikaner hat das Lachen eine eigene Kraft. Es hilft gegen Langeweile, Ärger und Trübsinn. Außerdem möchte ein Afrikaner niemals sein Gesicht verlieren.«

Niemals sein Gesicht verlieren klingt gut, aber was heißt das?

»Seid ihr denn überhaupt nie traurig?«

»Aber sicher. In unserer Musik und auch in unseren Geschichten, Liedern und Tänzen. Und wenn wir allein sind.«

Inzwischen haben sich alle hingehockt und schälen Kokosnüsse.

So frisch haben wir sie noch nie gegessen. Ich schaffe zwei Stück. Jetzt ist mein Bauch bis zum Platzen voll.

Wir bleiben noch eine Weile, um uns auszuruhen, und ich darf mir die Hütte von innen ansehen. In der Mitte steht ein Hocker, den die Frau mir stolz zeigt. Auf dem Hocker ist ein Kofferradio. Das hätte ich wirklich nicht erwartet.

Sie sagt etwas zu Michel. Michel übersetzt: »Das Radio ist ihr einziger Kontakt mit der Welt außerhalb von Togoville. Allerdings müssen sie mit der Batterie sehr sparsam sein, die kostet sehr viel Geld.«

Mir fällt ein, dass mein Vater mindestens fünfzig Batterien in allen Größen und Formen mitgenommen hat. »Papa, hast du Batterien mit?«, rufe ich durch die Türöffnung.

Papa liegt unter einer Palme und schläft mal wieder. Dass Erwachsene ständig schlafen müssen! Ich begreife das nicht. Auch nicht, wenn ich älter bin. Mein Vater verpennt noch mal den Weltuntergang.

»Ich frag ihn nachher«, sage ich zu Michel.

Ich sehe, wo die junge Frau kocht, wo sie ihre Vorräte aufhebt und wo sie schläft. Ihre Kochtöpfe und ihre Holzteller sehe ich auch. Getrunken wird aus Kokosnussschalen und Kalebassen. Das sind ausgehöhlte Kürbisse, aus denen auch die Tam-Tam-Rasseln in Lomé gemacht waren.

Wenn ich sehe, wie wenig die Leute hier zum Leben brauchen, dann glaube ich, dass wir in Deutschland viel zu viel kaufen und anschaffen. Wenn ich später groß bin, möchte ich nur das Allernotwendigste zum Leben kaufen. Nur Bücher möchte ich ganz viele haben.

Wenn ich dann mal umziehe, habe ich bloß Arbeit mit den Büchern.

Papa hat tatsächlich Radiobatterien im Rucksack. Die Frau freut sich. Weil sie jetzt das Radio öfter anmachen kann.

Ich freue mich auch. Besonders, als sie mir Bananen schenkt, frisch vom Baum. Das mit dem Schenken geht aber noch weiter.

Ich schenke ihr Tomaten, die ich im Rucksack habe.

Sie schenkt mir eine kleine Kette.

Ich schenke ihr meine gekochten Eier. Und mein Reserve-T-Shirt.

Und dem Baby gebe ich einen Schlumpf, den es sich sofort in den Mund steckt.

Mann, ist das eine Schenkerei! Ich komme mir vor wie der Weihnachtsmann. Die anderen Jungen stehen mit großen Augen neben der Frau. Ich fühle schnell im Rucksack nach. Zum Glück habe ich noch vier Schlümpfe. Eigentlich wollte ich sie als Reserve behalten. Aber egal.

Die Jungs freuen sich so, dass mir ganz komisch wird. Ich weiß nicht, ob sie überhaupt schon mal ein richtiges Geschenk bekommen haben. Und deshalb habe ich jetzt ein bisschen Bauchschmerzen. Das ist nicht der Durchfall, das weiß ich. Es sind ihre Gesichter.

Abends ist für uns mal wieder ein Huhn geschlachtet worden.

Ein Junge, der Desiré heißt und neben der Kirche in dem ältesten Teil von Togoville wohnt, hat für uns gekocht.

Und schon wieder lacht mir aus dem Topf eine Hühnerkralle entgegen.

Ich bleibe ganz cool und lache zurück.

Ich zucke noch nicht einmal zusammen, als ich hinter mir in der Dunkelheit Tiere quietschen höre, die ganz wild sind auf die Abfälle.

Ich weiß auch, was es für Tiere sind: Ratten.

Schließlich müssen die auch zu fressen haben.

Und deshalb warten sie geduldig auf die Abfälle.

Hauptsache, sie lassen mich in Ruhe.

Hauptsache ...

# 10

## Wow! Ich werde Schmugglerin!

Ich habe bald Geburtstag.

Und ich darf mir etwas wünschen. Ich wünsche mir, dass ich in einen Ort fahren darf, den ich mir aus einem Reiseführer herausgesucht habe. Der Ort heißt Winneba und liegt in Ghana. Da will ich hin und einfach ein paar Tage auf die Wellen gucken, unter Palmen liegen und nichts tun.

Wir sind inzwischen viel unterwegs gewesen, in Lomé und auch außerhalb der Stadt. Wir haben in der Bibliothek des Goethe-Instituts deutsche Bücher über Togo durchgeblättert und verstehen jetzt einige Dinge hier viel besser.

Abends waren wir oft bei afrikanischen Familien zum Essen eingeladen. Ich bin immer mehr begeistert von den Menschen hier. Das Einkaufen auf dem

Markt, das Kochen, das Essen und der Abwasch werden zu einem Fest gemacht. Für die Leute hier gibt es also immer etwas zu feiern. Toll finde ich das. Ich sehe eigentlich nie jemanden herumnörgeln oder stöhnen, dass Gäste so viel Arbeit machen würden. Natürlich verstehe ich nicht, was sich die Frauen bei der Arbeit untereinander erzählen …

Jedenfalls sieht es so aus, als ob es ihnen riesig viel Spaß macht, für meinen Vater und mich zu kochen. Und dass dabei jedes Mal mindestens zehn Verwandte aus Michels Familie mitessen, scheint für sie ganz selbstverständlich zu sein. Daran habe ich mich inzwischen auch gewöhnt. Nur nicht daran, dass das Bad nie frei ist, wenn ich hineinwill.

Aber vielleicht sehe ich das demnächst auch weniger eng.

Mein Vater sagt ständig: »Wenn irgendwo eine Dusche oder ein Klo frei sind, nix wie rein!« Ich glaube, ich sollte es auch so machen wie er.

Aber zurück zu meinem Geburtstag. Wir fahren bald los, mit dem Bus. Erst mal bis Accra, das ist die Hauptstadt von Ghana. Vorher gehen wir zu Fuß über die Grenze von Togo nach Ghana.

An der Grenze hilft uns ein Cousin von Michel den ganzen Papierkram zu erledigen. Und ich habe geglaubt, wir könnten wie bei uns einfach so über die Grenze gehen.

Von wegen. Und dabei hat mein Vater sich in Hamburg um einen wichtigen Stempel im Pass gekümmert, der fast fünfzig Euro gekostet hat. Der Stempel muss zwar sein, aber wir müssen trotzdem noch viele Papiere ausfüllen und ziemlich lange warten. Alle Leute gehen zu Fuß über die Grenze.

Wahnsinn, was es da alles zu sehen gibt! Auf den Straßen in Hamburg habe ich noch nie einen Menschen gesehen, der so viel getragen hat wie die meisten Leute hier. Leider dürfen wir auch hier nicht fotografieren. Die Zöllner in ihren Uniformen wie Soldaten gucken ganz furchtbar streng. Sie sind für mich die ersten Afrikaner, die richtig streng gucken. Ich versuche sie anzulächeln. Aber sie lassen sich auf nichts ein.

»Sie sind im Dienst«, sagt Michel.

»Dürfen sie denn im Dienst nicht lachen?«

»Besser, ich frage sie nicht danach«, sagt Michel. »Wir wollen schließlich nach Ghana und dort den Bus bekommen.«

Auf der anderen Seite der Grenze stürmen massenweise Menschen auf uns zu. Alle wollen unser Gepäck tragen oder uns etwas verkaufen.

»Papa!«, schreie ich. »Die rennen mich über den Haufen!«

Das Schreien hilft. Erschrocken weichen einige Leute zurück. Jetzt weiß ich, was ich tun muss, wenn zu viele Afrikaner begeistert auf uns losrennen: einfach losschreien. Sammy hält meine Hand fest, Papa meine andere. Eigentlich möchte ich weinen.

Und das tue ich dann auch.

Papa streichelt mir übers Gesicht und gibt mir aus seiner eisernen Teereserve für unterwegs einen Becher zu trinken.

Da muss ich noch mehr weinen.

Wo sind mein Kuschelkissen und mein Schottenrock aus dem Flugzeug? Ich setze mich in den Schatten, Papa bleibt bei mir. Und Michel und Sammy kümmern sich um Buskarten. Ich habe meine Decke und mein Kissen an den Bauch geklemmt und fühle mich fast ein bisschen wie zu Hause, obwohl ich außer Papa nur schwarze Gesichter sehe, die mich freundlich, aber auch neugierig ansehen. Ich möchte so tun, als sei ich doch schon erwachsen. Also schließe ich die Augen und stelle mich schlafend.

Im Bus werden wir ziemlich eingequetscht.

Ich sitze zwischen Papa und einem Mann mit ganz dicken Oberschenkeln, der auch noch die Hälfte von meinem Sitz einnimmt. Eigentlich sollte ich ihn nett finden, denn er liest »Tim und Struppi« auf Englisch, und zwar die Geschichte von der Opernsängerin Bianca Castafiore, die ihre Juwelen ständig verliert. Ich liebe dieses Buch ganz besonders.

Aber trotzdem ist mir heiß und die Beine des Mannes kleben an meinen. Ich schiebe mich zu Papa rüber. Ein bisschen hilft das.

Plötzlich legt mir eine Frau einen Stapel Unterhöschen auf den Schoß und lächelt mich an.

»Michel, wieso macht sie das?«

»Frag sie doch selber«, antwortet Michel.

In Ghana wird englisch gesprochen. Ich versuche es.

»Why did you do this?«, frage ich.

Mein Herz flattert. Die Frau redet auf Michel ein. Michel übersetzt: »Sie hat die Sachen preiswert in Togo eingekauft. Unterwegs nach Accra wird der Bus öfter angehalten. Die Leute werden dann kontrolliert und müssen Zoll bezahlen. Du sollst für sie schmuggeln.«

Wow! Ist das super! Ich werde Schmugglerin. Ich stecke zwölf bunte Damenslips in meinen Rucksack und decke sie mit meinem Kissen und dem Schottenrock zu.

Der Mann mit den dicken Beinen stört mich nicht mehr. Gespannt wie ein Flitzebogen warte ich auf die Soldaten. Immer wenn der Bus ein bisschen bremst, stehen alle sofort auf. Ob die etwa alle Schmuggelware bei sich haben?

Dann, nach ungefähr einer halben Stunde, kommt tatsächlich eine Straßensperre.

Wir müssen alle aussteigen.

Die schwarzen Passagiere werden sofort zu einem Stand geführt, an dem ihr Gepäck durchgesehen wird. Ich gehe auch hin. Aber die Frau in Uniform schickt mich weg. Wir Weißen werden überhaupt nicht kontrolliert. Jetzt habe ich geschmuggelt, toll-o-toll, in Afrika.

Das erste Mal in meinem Leben.

»Papa, ich habe geschmuggelt!«

»Na ja«, antwortet er und spendiert mir eine Cola.

Später, wieder im Bus, fliegen plötzlich Päckchen und Pakete hin und her. Die Leute werfen sich die geschmuggelten Sachen wieder zu. Alle reden aufgeregt durcheinander und lachen, weil sie die Soldaten hereingelegt haben. Und keiner steht mehr auf, wenn der Bus mal wieder bremst.

Ich kann die Leute voll verstehen.

## 11

## Schwarz heißt Yibo
## und ich habe Geburtstag

Wir sind in Winneba.

Wir stehen auf der Terrasse vor unseren Häuschen und sehen direkt auf das knallblaue Meer mit seinen dicken weißen Schaumkronen.

Morgen ist mein elfter Geburtstag.

Das hier ist mein größtes Geburtstagsgeschenk, finde ich. Ich hatte zwar noch nicht so oft Geburtstag, aber na ja.

Ich frage Michel, ob man hier schwimmen darf.

»Nein!«, ruft Michel. »Die Wellen sind sehr gefährlich. Sie reißen dich ins Meer. Wenn wir baden, dann nur bis zu den Knien.«

Papa weiß, dass ich jetzt ein bisschen enttäuscht bin.

Er nimmt mich an die Hand und sagt: »Du und ich, wir machen jetzt ganz allein einen Spaziergang. Okay?«

Mein Vater ist sehr groß und mit ihm habe ich keine Angst, vor gar nichts. Wir gehen langsam durch den Sand, der ganz heiß von der Sonne ist.

Sammy und Michel kümmern sich um unsere Zimmer. Das erste Mal, seit wir in Afrika sind, bin ich ganz allein mit meinem Vater.

Ich hatte schon fast vergessen, wie das ist.

»Da, die Fischer kommen gerade mit ihren Booten zurück. Wollen wir nachsehen, was sie gefangen haben? Vielleicht haben sie sogar das Abendbrot dabei, wer weiß.«

Papa und ich gehen ab und zu in Hamburg in ein schickes Fischrestaurant unten am Hafen. Dann essen wir richtig vornehm und ganz viel Fisch. Er zieht dafür sogar seine einzige Krawatte an.

Wir müssen lange warten, bis die Netze endlich auf dem Strand liegen, bestimmt drei Stunden. Dann ist Michel wieder da und er spricht mit den Männern, die außer Englisch auch hier in Ghana seine Ewe-Sprache sprechen.

Michel kauft ihnen drei Pfund Riesenkrabben und eine fette Languste ab.

»Sie bringen alles gegen sieben, und zwar gekocht, zu unseren Häuschen.« Wir haben nämlich für vier Tage zwei kleine Häuschen gemietet, an der großen Terrasse direkt am Meer. Papa und ich wohnen in dem einen, Michel und Sammy in dem anderen. Wir sind die einzigen Gäste. In meinem Zimmer riecht es ziemlich muffig und Wasser gab es vorhin auch nicht.

»Was nicht ist, kann noch werden«, sagen Papa und Michel.

Auf das Essen freue ich mich riesig. Ich bekomme schon jetzt ein richtiges Geburtstagsgefühl. Papa und ich gehen noch ein Stück weiter. Wir sehen noch mehr bunte Boote, die am Strand liegen und darauf warten, irgendwann wieder ins Wasser gezogen zu werden.

Wir gehen durch einen Palmenwald und stehen plötzlich mitten in einem Dorf. Ein Mädchen, das ungefähr so alt ist wie ich, trägt einen kleinen Teller mit Riesenkrabben auf ihrem Kopf. Ansonsten sehen wir niemanden. Alle Dorfbewohner sind wohl am Strand und warten auf die Fischer.

Michel hat vorhin am Strand übersetzt, dass wir keine Bilder machen dürfen, weil sie glauben, dass wir damit in Europa viel Geld verdienen. Deshalb werden sie entweder böse oder sie wollen pro Bild zehn Dollar haben. Wir machen deshalb lieber keine Fotos mit Leuten drauf.

Papa und ich haben an meinem Geburtstag endlich mehr Zeit füreinander. Wir spielen Karten, wie damals im Flugzeug, wir lesen, wir spazieren viel. Und vier Tage lang leben wir nur von Kokosnüssen, Brot, Fisch, von der Sonne und der frischen Luft.

Aber so ganz allein sind wir doch nicht.

Die Kinder aus dem Dorf (ich bin überrascht, dass es in dem Fischerdorf so viele Kinder gibt) kommen alle der Reihe nach auf unsere Terrasse. Und alle wollen uns sehen.

Wenn ich mal am Strand sitze, sind sofort auch Kinder da.

Papa schwimmt einmal ohne Badehose. Dabei sieht ihm, glaube ich, das ganze Dorf zu. Sie bewachen seine Hose, bis er aus dem Wasser kommt.

Ich schäme mich.

»So, jetzt wissen die Kinder endlich, wie ein nackter weißer Mann aussieht«, sagt er. »Vielleicht sind sie jetzt so erschrocken, dass sie nicht mehr dauernd zu uns kommen.«

Eine Stunde später zieht eine Familie aus Accra mit vier Kindern in eins der Häuschen neben unseren.

Na ja.

Und dann, in der letzten Nacht, habe ich wieder ein bisschen Durchfall. Ich mache Licht, weil ich außerdem ständig Geräusche unter meinem Bett höre.

Eigentlich ist mir schlecht. Und eigentlich muss ich ganz schnell, weil doch oben und unten alles gleichzeitig aus mir rauswill.

Aber als ich dann die kleine braune Ratte sehe, die mir plötzlich gegenübersitzt und ein Stück von meiner Avocado in den Pfoten hält, muss ich auf einmal nicht mehr.

Mein Bauch ist ganz stumm vor Schreck.

Doch dann brülle ich los, genau wie an der Grenze in Ghana.

Jetzt erstarrt auch die Ratte.

»Michel, Papa, Papa, Michel!«

So schnell waren die beiden noch nie da.

Aber die Ratte ist wieder unter meinem Bett.

Ich heule Rotz und Wasser. Es dauert lange, bis ich erzählen kann, was los war.

Mein Vater ist richtig tapfer. Er legt sich auf die Lauer und erwischt die Ratte, als sie wieder unter meinem Bett hervorkommt.

Mit seinen riesigen Schuhen (Größe 46) verjagt er sie. Er wirft die Schuhe einfach hinter ihr her.

Dann kann ich endlich ins Bad.

In der Nacht schlafe ich bei Papa. Mit meinem Kuschelkissen und der Schottendecke. So heiß wie jetzt ist uns noch nicht einmal in der Sauna in Hamburg.

Aber das ist mir egal.

Am nächsten Morgen habe ich die Ratte fast vergessen, aber nur fast. Nicht vergessen habe ich, wie mein Vater sie weggejagt hat.

Als Papa sich dann etwas wünschen will, bin ich auch sofort damit einverstanden.

»Gut, jetzt bist du an der Reihe. Und was wünschst du dir?«, frage ich neugierig.

»Nachdem du vier Tage am Meer sein durftest, möchte ich eine Reise ins Landesinnere«, antwortet Papa und setzt eine geheimnisvolle Miene auf.

»Und wohin willst du?«, fragen Michel, Sammy und ich wie aus einem Mund.

»Ich möchte gern nach Kumasi«, antwortet mein Vater.

»Ist das weit von hier?«, frage ich.

»Kumasi liegt ungefähr zweihundert Kilometer nördlich von Accra. Wir fahren wieder zurück nach Accra und nehmen von dort aus den Bus nach Kumasi. Von Accra aus dauert die Reise ungefähr sechs Stunden. Wir fahren durch ein Gebiet, das früher einmal nichts als Urwald gewesen ist. Leider sind davon inzwischen unermessliche Waldflächen und vor allem unzählige der riesigen Tropenbäume abgeholzt worden. Aber ihr werdet trotzdem noch eine herrliche grüne Landschaft sehen können.«

Bis jetzt sind wir hauptsächlich im Küstenbereich von Togo und Ghana unterwegs gewesen.

Ich habe noch keine Trockenlandschaften gesehen. Savanne und Wüste fangen erst viel weiter im Norden an. Dort werden wir nicht hinfahren.

Michel hat mir erzählt, dass die Gebiete im Süden Togos und Ghanas sehr fruchtbar sind. Wir sehen überall Früchte an den Bäumen. Onkel Joachim aus Togoville hat uns aber gesagt, dass es in diesem Jahr an der Küste fast gar nicht geregnet hat und die Menschen sich deshalb große Sorgen machen. Die Erdnüsse sind zu klein, die Apfelsinen an den Bäumen zu trocken, der Mais auf den Feldern ist zu mickrig. Nur die Maniok- und die Yamswurzeln wachsen gut, weil sie ziemlich tief in der Erde stecken und dort noch Grundwasser finden.

»Wie kommen wir hier aus Winneba fort?«, frage ich.

Die Hinfahrt hatten wir bequem mit einem Taxi gemacht, weil doch mein Geburtstag war. Das war noch ein extrasuper Geburtstagsgeschenk von meinem Vater gewesen. Die Reise nach Winneba hatte bestimmt viel Geld gekostet. Mit dem Bus ist so eine Reise natürlich sehr viel preiswerter. Aber wo und wann fährt einer von Winneba nach Accra? Dass man in Afrika oft einen halben Tag auf den Bus warten muss, daran muss ich mich auch erst gewöhnen. Wir müssen richtig lernen ohne eigenes Auto zu reisen!

»Was hältst du von einem Trotro, Doro?«

»Finde ich gut. Aber nur für eine kurze Strecke. Damit brauchen wir doch Stunden, oder?«

Trotros sind Busch-Autobusse. Das sind große Lastwagen mit Bänken auf der nach allen Seiten hin offenen Ladefläche. Große, grob gezimmerte Holzbänke, auf denen die Passagiere eng zusammengequetscht sitzen. Mit diesen Trotros wird so ziemlich alles transportiert. Das sieht zwar lustig aus, aber ob das so bequem ist?

»Na, Doro, keine Lust auf ›Trotro Mama Lorry‹?«

»Nein, hab ich nicht. Höchstens für eine ganz kurze Strecke.«

Hier in Winneba sitzen wir so ziemlich am Ende der Welt. Ich hab keine Lust, mein Gepäck stundenlang durch diese Sauna zu schleppen.

Ich hätte nie gedacht, dass mich das feuchte Tropenklima manchmal so fertig macht. Einen frischen Regenschauer würde ich mir jetzt wünschen. Ob die Kinder von hier bei uns genauso unter dem Klima leiden würden wie ich jetzt bei ihnen? Ganz bestimmt würden sie wahnsinnig frieren …

»Gut. Du hast gewonnen, Doro. Ich bestelle uns allen ein Taxi. Betrachte es als ein verlängertes Geburtstagsgeschenk. Aber dann ist Schluss, verstanden?«

Ich muss Papa ganz doll drücken und freue mich doch sehr, obwohl ich eigentlich noch gar nicht fortmöchte von hier. Jetzt, wo die Ratte nicht mehr da ist und ich die Kinder aus den Nachbarhäusern kennen gelernt habe. Oft gingen wir zusammen zum Strand und beobachteten, wie die Fischer die Netze aus dem Meer zogen. Michel stand immer in der ersten Reihe und kaufte gleich fangfrische Fische fürs Abendbrot. Bei dieser Gelegenheit steckte er sich irgendwann einmal den zappelnden Schlammbeißerfisch in den Mund. Ich glaube, er wollte uns damit erschrecken. Der Fisch sieht nämlich so aus, als könne er giftig sein. Auf jeden Fall schmeckt er nicht – bestimmt nicht lebendig. Die Kinder kugelten sich vor Lachen im Sand. Ich auch. Genau das wollte Michel. Er möchte, dass Kinder, die in der Nähe sind, Spaß haben. Und dafür lässt er sich die verrücktesten Sachen einfallen. Wer traut sich schon einen lebendigen Schlammbeißer in den Mund zu nehmen? Michel warf den Fisch später wieder ins Meer. Ich war erleichtert.

Da fällt mir noch etwas ein, weshalb ich noch hier bleiben möchte.

Neulich ist ein kleines, schwarzes Schwein über unsere Terrasse gelaufen. Es gehört Kindern aus der Nachbarschaft. Das Schwein ist zahm und heißt

Yibo. Yibo bedeutet »schwarz«. Das Schwein Yibo rennt den Kindern überall hinterher. Dabei grunzt es so, als möchte es ständig etwas erzählen. Ich glaube, Yibo das Schwein kann wirklich sprechen. Vielleicht spricht es sogar Ewe, wer weiß? Die Kinder antworten nämlich immer, wenn Yibo grunzt. Schade, dass ich die Kinder genauso wenig verstehen kann wie Yibo. Wenn ich noch ein wenig hier in Winneba bleiben dürfte, könnte ich bestimmt von ihnen lernen, wie man sich mit dem schwarzen Yibo unterhält.

Dann haben die Kinder aus dem Fischerdorf unter den Palmen mir eine Stelle unten am Strand gezeigt, an der immer wunderschöne Muscheln angespült werden. Wir haben eine ganze Tüte voll gesammelt. Mein Rucksack ist bis oben hin damit gefüllt. Hoffentlich gehen die Muscheln bis Hamburg nicht kaputt.

Allmählich fühle ich mich richtig wohl in Afrika. Ja, eigentlich möchte ich hier bei all den Kindern bleiben und mir noch viel von ihnen zeigen lassen. Es macht richtig Spaß, so mit ihnen zusammen. Und irgendwie verstehen wir uns. Sie sprechen Ewe, ich Deutsch.

## 12

Eigentlich will ich nicht nach Kumasi

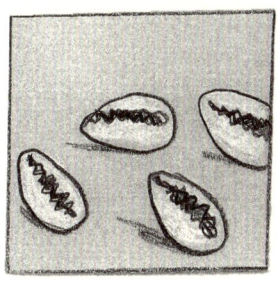

Papa meint, dass er inzwischen wieder richtig aus-
geruht ist und nun nach Kumasi möchte.

»Okay. Wieso möchtest du eigentlich nach Kumasi?«, frage ich.

»Weil dort das Zentrum der Ashanti-Kultur ist.«

Mein Vater hat mir erzählt, dass die vielen Volksstämme in Westafrika alle eine eigene Sprache und
eine eigene Kultur haben. Man kann das zum Beispiel an den Mustern und Farben der Stoffe sehen,
die sie tragen, an den Frisuren, dem Schmuck und
auch daran, was sie essen und wie sie ihre Gerichte
zubereiten. Auf dem Land kann man sogar fest-
stellen, in welchem Landesteil man gerade ist. Dazu
braucht man sich nur die Bauweise der Häuser und
Hütten genau anzusehen.

Aus unserem Reiseführer hat Papa mir vorgelesen, dass alle diese Stämme eine gemeinsame Naturreligion haben. Diese Religion heißt Voodoo-Kult. Voodoo bedeutet Gott oder Geist. Jeder Mensch hat seinen eigenen Gott, der meist viel mit der Natur zu tun hat. So ein Gott kann ein Baum sein, den der Mensch sich ausgesucht hat, oder eine Pflanze oder ein Tier. So verehren die Afrikaner die Natur.

Die Voodoo-Altäre sind sich alle ziemlich ähnlich. Man findet sie in den Höfen der Häuser, auf den Feldern oder im Busch. Sie sind nicht mehr als ein wenig aufgehäufte Erde, auf der Götterfiguren aufgestellt sind. Wenn sie sich von ihren Göttern etwas wünschen, bringen die Menschen diesen Figuren Opfergaben. Sie bringen ihnen zum Beispiel geschlachtete Hühner oder Muscheln oder Schnaps. In der Voodoo-Kultur wird auch sehr viel getanzt. Eigentlich möchte ich aber noch mehr über Voodoo wissen.

»Darf ich noch einmal schnell zum Strand?«, frage ich.

Ich darf.

Ich laufe durch den warmen Sand und sehe die riesigen blauen Wellen mit den weißen Schaumkronen. Ich sitze im Sand, meine Haare fliegen im Wind.

Sofort sind wieder zwei Kinder da, ein Junge und ein Mädchen. Wie aus dem Boden gewachsen stehen sie vor mir. Wie soll ich ihnen erklären, dass Sammy, Michel, Papa und ich wegfahren? Es macht mich traurig, dass ich ihnen nicht auf Ewe sagen kann, wie schön die Tage mit ihnen hier waren. Dann beschließe ich es einfach auf Deutsch zu sagen.

»Mein Papa, Michel, Sammy und ich fahren heute weg«, erkläre ich. »Eigentlich möchte ich nicht fort von hier, weil es mir mit euch so gut gefällt.«

Sie setzen sich ganz dicht neben mich. Ich glaube, sie wissen, was ich meine. Diesmal stört es mich überhaupt nicht, dass sie mir so nah sind. Ich traue mich sogar zu fragen: »Darf ich mal euren Arm streicheln?«

So richtig habe ich nämlich noch nie eine schwarze Haut angefasst. Nur ihre Haare. Mit meinem Zeigefinger streiche ich vorsichtig über den Arm des Mädchens. Seine Haut fühlt sich an wie der Samtkragen von Omas Wintermantel, den ich auch immer streicheln darf, wenn ich bei ihr in Amsterdam bin.

Das Mädchen streicht auch über meinen Arm.

»Abo«, flüstert es und zeigt auf meinen Arm. »Asi«, sagt es leise und nimmt meine Hand in ihre.

Es ist wunderschön und wir brauchen uns gar nichts mehr zu sagen. Ich habe noch nie so eine weiche Haut gefühlt wie ihre. Unsere weiße Haut mit all den Härchen fühlt sich bestimmt wie Sandpapier an. Ich weine und es ist mir völlig egal.

Ich stehe auf und renne davon.

»Hede nyuie, goodbye!«, rufen die Kinder.

Ich drehe mich um und winke. »Tschüs, ich komme wieder!«

Als das Taxi uns abholt und Papa, Sammy und Michel das Gepäck eingeladen haben, muss ich fast schon wieder heulen.

»Mit dem Auto stimmt was nicht«, sage ich nach einigen Minuten. Nun rumpeln in Ghana fast alle Taxis. Beim ersten Mal glaubt man, dass so ein Taxi es nicht einmal mehr bis zur nächsten Ecke schafft. Aber sie fahren merkwürdigerweise alle, und wie! Papa und ich machen in den Taxis inzwischen auch nicht mehr die Augen zu, aus Angst, dass demnächst ein Rad abfliegt. Oder dass wir in der nächsten Kurve vielleicht eine unschuldige Ziege umfahren. Inzwischen sagen wir beim Einsteigen immer: »So ist das halt in Afrika.«

Aber ich glaube, ein bisschen Angst haben wir beide immer noch . . .

»Michel, ich glaube, wir verlieren ein Rad.«

»Wenn du meinst . . .«

»Ich meine es ernst! Das Auto hängt hier hinten schon ganz schief und es eiert.«

Michel spricht mit dem Fahrer. Das Gespräch dauert ziemlich lange. Auch das ist fast immer so in Afrika. Was wir uns gegenseitig in zwei Sätzen erzählen, daraus machen die Menschen hier anscheinend ganze Romane. Sie erzählen ohne Punkt und Komma und lachen dabei. Ab und zu denke ich: Oje, jetzt haben sie wohl einen fürchterlichen Streit, aber dann lachen sie plötzlich wieder. Und wenn Papa oder ich nachfragen, was sie sich alles erzählt haben, übersetzt Michel das endlose Gespräch nur mit einem einzigen Satz. Ist schon merkwürdig, das Ganze.

Endlich dreht Michel sich um. »Der Fahrer hat gesagt, er hätte hinten einen Platten.«

Papa sagt nichts. Ob er schon wieder schläft?

Nein, er schläft nicht, er legt seinen Arm um meine Schulter. Jetzt kann uns bestimmt nichts mehr passieren.

»Und er sagt, dass wir damit bis in die nächste Stadt durchhalten müssen, weil er keinen Reservereifen hat«, fährt Michel fort.

»Interessant«, sage ich, während ich in Papas Arm auf dem Rücksitz immer heftiger hin- und hergeschlingert werde. Papa und Sammy schlingern mit.

Ich komme mir schon ein bisschen afrikanischer vor als in der ersten Woche. Ich rege mich schon viel weniger auf und nur noch, wenn es wirklich nötig ist. Irgendwie klappt ja doch immer alles. Bloß ungeduldig werden darf man nicht.

Auf der Hauptstraße gibt es vorläufig weit und breit keine Häuser und keine Spur von einer Tankstelle. Dafür gibt es hier Bäume und Sträucher in allen Grüntönen. Die haben sich bestimmt die Voodoo-Götter ausgedacht. Und rote, glänzende Vögel fliegen schnatternd auf, wenn wir in unserer Staubwolke vorbeirumpeln.

Wir fahren also auf einer Reifenfelge. Na ja. Alles war schließlich irgendwann das erste Mal in meinem Leben.

Der Reifen wurde später doch noch gewechselt. Und die Reise nach Accra war echt gut. Wir fuhren nichts und niemanden um. Es war sogar genug Benzin im Tank. Manchmal auf unseren Ausflügen haben wir nämlich schon Taxis geschoben, weil sie kein Benzin mehr hatten. Und nachdem Papa ihm dafür ein Extratrinkgeld versprochen hatte, ist der Fahrer auch mit vier ganzen Reifen nicht schneller gerast als hundert Kilometer pro Stunde.

Fast alle Taxis haben vorne am Armaturenbrett viele bunte Aufkleber. Papa hat mir übersetzt, dass alle Aufkleber von Gott und Jesus Christus und von der Mutter Gottes handeln. Michel hat mir erzählt, dass in vielen Gebieten die christlichen Religionen aus Europa eine große Rolle neben der alten afrikanischen Naturreligion spielen. Auch in den kleinsten Dörfern sieht man irgendeine Kirche, meistens steht sie gleich neben der Schule.

Die Schulen finde ich überhaupt am alleraufregendsten. Einmal, in meinem Comicalbum »Tim im Kongo«, habe ich so eine ähnliche Schule gesehen. Sie bestand aus nur einem Klassenraum, anstelle von Türen und Fenstern gab es nur Maueröffnungen. Vorne an der Wand hing die Schultafel. In »Tim im Kongo« stand Tim als Lehrer in so einer Schule, als plötzlich ein hungriger Leopard von hinten reingeschlichen kam. Tim fütterte ihn mutig mit dem nassen Tafelschwamm und der Leopard krümmte sich danach vor Bauchschmerzen. Eins war mir damals schon aufgefallen: Die schwarzen Kinder in dem Comicbuch waren ganz starr vor Bewunderung für den weißen Tim gewesen. Bin ich aber froh, dass sich das inzwischen geändert hat!

Die Kinder hier sind bloß neugierig auf Papa und mich, weil wir ganz anders aussehen als sie, aber von Bewunderung keine Spur. Wie gut!

Allerdings sehen die Schulen hier auf dem Lande teilweise immer noch genauso aus wie in »Tim im Kongo«. Papa, der auch alle »Tim und Struppi«-

Alben kennt, hat mir erzählt, dass der Belgier Hergé dieses Buch schon im Jahr 1931 gezeichnet und geschrieben hat. Damals hätten fast alle Menschen in Europa noch ganz falsch über die Afrikaner gedacht. Ich muss mir »Tim im Kongo« zu Hause noch einmal genauer ansehen.

Papa und ich haben später noch eine Hauptschule in Lomé besucht und festgestellt: In den Städten Westafrikas sind die Schulen ganz ähnlich wie bei uns.

Also, wenn ich den Aufklebern da vorne im Taxi glauben soll, müssen wir einfach gesund und heil nach Accra zurückkommen. Überhaupt hilft Jesus in allen Lebenslagen. »Jesus hilft dir« und »Jesus ist immer bei dir« kann sogar ich entziffern. Wenn das keine Versprechungen sind.

## 13

## Ein stilles Örtchen
## und Geier auf dem Dach

Als wir in Accra aus dem Taxi steigen, wollen uns sofort mindestens zwanzig andere Taxifahrer für einen »guten Preis« nach Kumasi bringen.

»Mach ihnen bitte klar, Michel, dass das nicht in die Tüte kommt«, sagt mein Vater energisch. Michel übersetzt etwa zehn Minuten lang. Mann, dauert das wieder lange! Sammy kauft Buskarten für uns, während wir auf den Holzbänken im Busbahnhof sitzen und warten, bis die Tafel anzeigt, dass es losgeht nach Kumasi. Ein Mann redet und redet. Er hält wohl eine Dauerpredigt, denn ich höre immer wieder, wie er mit lauter Stimme »Gott« und »Jesus« sagt. Währenddessen dösen die Menschen geduldig vor sich hin.

Leider muss ich schon wieder. »Gibt es hier ein stilles Örtchen?«

Michel steht auf und nimmt mich an die Hand. Wir gehen eine lange Mauer entlang. Ich kann sogar den englischen Text lesen, der in großen Buchstaben auf die Wand gepinselt ist. »Bitte hier nicht urinieren«, steht da. »Die öffentliche Toilette ist fünfhundert Meter weiter.« Daneben ist ein ganz langer Pfeil gemalt. Wir gehen in die Richtung, in die der Pfeil zeigt.

»Dahinten«, sagt Michel und zeigt auf eine zweite Mauer, die etwa so hoch ist, wie ich groß bin. Ungläubig starre ich Michel an. Was soll denn das da sein? Ich sehe überhaupt keine Toilette!

»Wo denn?«, frage ich verzweifelt.

»Du gehst um die Mauer herum und dann siehst du es schon.«

Michel ist in manchen Dingen ganz schüchtern. Er läuft auch nicht nackt durch die Wohnung, so wie Papa und ich. Er spricht nie über Liebe oder so.

Einmal habe ich ihn gefragt, ob die Kinder nicht alles hören, wenn die Eltern sich lieben. Auf dem Lande und manchmal auch in der Stadt gibt es doch kaum oder gar keine Türen in den Hütten und Häusern. Michel hat verlegen weggesehen. Ich werde Sammy irgendwann fragen. Sammy ist viel jünger als Michel und erzählt es mir bestimmt.

Mit wackligen Knien gehe ich um die Mauer herum. Dahinter befindet sich eine Art Hof aus angestampfter roter Erde, aber eine Kloschüssel sehe ich nicht. Soll ich hier einfach irgendwo in die Ecke machen? Während ich noch dastehe und überlege, erscheint über dem Rand der Mauer der Kopf einer schwarzen Frau. Hilfe, sie kommt, gleich biegt sie um die Ecke ...

Ich rühre mich nicht vom Fleck.

Dann steht sie in voller Größe vor mir.

Sie trägt ein Baby auf dem Rücken und sieht weich und rund aus in ihren vielen bunten Tüchern. Sie betrachtet mein verdattertes Gesicht, lacht schallend und lässt ihre weißen Zähne blitzen. Daraufhin nimmt sie mich an der Hand und sagt mit tiefer Stimme: »Come on, sister.«

Sie führt mich an die hintere Wand, rafft ihre Röcke hoch und hängt sich über eine gemauerte Rinne, durch die fließendes Wasser strömt. Diese Rinne hatte ich in meiner Aufregung völlig übersehen. Die Frau trifft mit ihrem Strahl genau hinein. Anschließend nimmt sie einen Reisigbesen, der in der Ecke steht, und fegt hinterher.

»Okay?«, fragt sie. Ich nicke und knöpfe mir vorsichtig die Hose auf.

Hoffentlich geht sie, denke ich. Aber nein, sie bleibt. Doro, da musst du durch, sage ich mir auf gut Hamburgerisch. Ich stütze mich an der Wand ab, währenddessen hängt die Hose irgendwo auf meinen Stiefeln, dann endlich kann ich.

Und was macht meine Retterin? Sie klatscht vor Begeisterung in die Hände! Das Baby schläft dabei seelenruhig weiter. So einfach ist das!

»Jetzt weiß ich, wie das hier geht«, sage ich zu Michel, der auf mich gewartet hat.

»Na siehst du«, antwortet er.

Ich bin richtig stolz auf mich.

Über rote, staubige Sandpisten und löchrige Teerstraßen fahren wir durch den Urwald. Mein Vater will unterwegs ständig aussteigen, aber Michel erlaubt es ihm nicht.

»Möchtest du hier einen halben Tag am Straßenrand stehen, bis der nächste staatliche Bus kommt?«, fragt er drohend.

»Das denn doch nicht«, gibt Papa zu und grinst wie ein kleiner Schuljunge.

»Ich führe euch noch in den Urwald«, verspricht Michel. »Dich und Doro. Zu meinem Onkel in Kpalimé, in Togo.«

Unterwegs hält der Bus ein einziges Mal. Ich komme mir vor wie in einem Film. Neben der Straße stehen ein paar niedrige Häuser und Hütten. Auf deren Dächern hocken mindestens vierzig Geier und lauern auf die Abfälle der Reisenden.

Ganz schön spannend sieht das aus! Wir kaufen Eier, Avocados und Mangos. Mit meinem Taschenmesser, das Papa mir letzte Weihnachten geschenkt hat, kann ich leicht Früchte schälen, Eier halbieren, Avocados aufschneiden. Mit dem Überlebensmesser fühle ich mich manchmal ein bisschen wie eine Entdeckungsreisende. Vor allem jetzt, mit den lauernden Geiern über meinem Kopf, ist mir abenteuerlich zumute. Mein Herz hämmert wie verrückt. Aber die Vögel bleiben auf den Dächern und warten mit halb geschlossenen Augen, bis wir fort sind. Endlich sitzen wir wieder sicher im Bus und fahren weiter.

In Kumasi finden wir ein Hotel mitten im Zentrum, in dem wir zwei Zimmer mieten.

Ich habe immer noch Angst vor Ratten. »Darf ich mit in deinem Zimmer schlafen?«, frage ich Papa.

Ich darf. Michel und Sammy ziehen nach nebenan. Eine gemeinsame Badewanne gibt es auch. »Room with private Bath«, hatte vor dem Hotel auf einer großen Tafel gestanden, »Zimmer mit Privatbad«.

Doch als wir die Wasserhähne aufdrehen, geschieht gar nichts. Der Mann vom Empfangsschalter bringt uns in den Hof und plappert dabei fröhlich mit Sammy und Michel. Im Hof stehen riesige

Wassertonnen. Von dort müssen wir das Wasser selber mit Eimern in unser »Privatbad« tragen. Aber wenigstens gibt es Wasser und das ist wirklich gut! Wie gut Wasser ist, habe ich hier in Afrika begriffen.

Über unserem Bett hängt ein riesiger Propeller, der viel Krach macht, wenn man ihn einschaltet. Er soll das Zimmer kühlen. Stattdessen sieht er aus, als könne er jeden Augenblick aufs Bett fallen.

»Ob der herunterkommt, wenn wir schlafen?«

»Der hält noch ein Weilchen«, verspricht Papa und nimmt mich ganz fest in seine Arme.

Ich glaube ihm. Der Propeller wird hängen bleiben.

Wir spazieren durch die Altstadt von Kumasi. Petroleumlampen werden angezündet. Die Menschen arbeiten draußen auf der Straße, vor ihren kleinen Geschäften, weil es drinnen viel zu heiß und stickig ist. Sie schneidern, machen Schuhe und Taschen, stricken, sticken und häkeln. Und sie schneiden sich gegenseitig die Haare.

»Es gibt auch Frauen, die sich am Straßenrand Frisuren flechten lassen. Die Arbeit an so einer Frisur dauert mindestens acht Stunden«, sagt Sammy. »Ich beobachte das immer bei meinen Schwestern. Aber dann halten die Zöpfchen auch für mindestens drei Monate. Zum Waschen braucht man sich nur Wasser über den Kopf zu gießen. Die Zöpfchen sind so fest, dass sich kein Ungeziefer in ihnen einnisten kann.«

Keiner ist hier in Eile, bis auf die Taxifahrer, die wie besessen durch die Straßen brettern. Die Fußgänger dagegen schlendern ganz, ganz langsam und besonnen umher.

»Wenn die bei uns so langsam gehen würden, würden sie aber jeden Bus und jede U-Bahn verpassen«, sage ich zu Michel, der mir sofort einen strafenden Blick zuwirft.

Also sage ich schnell: »Ich weiß, Michel, hier ist es zu warm. Schon gut. Ich gehe ja auch schon langsamer als sonst.«

Wir beschließen in einem indischen Familienrestaurant zu essen und Papa fängt von zwei weißen Frauen am Nachbartisch eine interessante Nachricht auf.

»Weißt du, was die sich gerade erzählt haben?«, fragt Papa.

Nein, kann ich ja gar nicht wissen, dafür sprechen sie ein viel zu schnelles Englisch.

»In dieser Woche findet hier in Kumasi ein Kulturfestival statt, und zwar genau neben dem Museum, in das wir gehen wollten. Nach einer Pause von zehn Jahren kommen endlich wieder alle Volksstämme aus ganz Ghana hier zusammen und singen, musizieren und tanzen. Ich glaube, ein größeres Glück hätten wir gar nicht haben können.«

Ist das eine tolle Neuigkeit!

»Du meinst, sie kommen in ihren Trachten und mit Instrumenten angereist?«

»Natürlich!«, erwidert Papa begeistert.

So begeistert ist er, so sehr freut er sich über das Kulturfestival, dass wir heute Abend alles essen und trinken dürfen, worauf wir Lust haben.

Am nächsten Morgen frühstücken wir wieder bei der indischen Familie. Es gibt sogar ein echtes »englisches Frühstück« mit Schinken und gebratenen Eiern, mit Toast, Marmelade und Tee.

»Das Frühstück ist noch übrig geblieben aus der Zeit, als die Engländer es sich hier in Ghana gemütlich gemacht hatten«, sagt Papa und sieht dabei ziemlich ernst aus.

Papa hat mir gestern viele große Häuser aus dieser Zeit gezeigt. Als die Briten sich zurückzogen, war Ghana das erste afrikanische Land, das wieder eine eigene Regierung ohne Europäer wählen durfte.

Jetzt wohnen in diesen Häusern nicht mehr jeweils *eine* englische Familie, sondern manchmal sogar zehn afrikanische.

# 14

## In meinem Kopf mache ich mir immer meine eigenen Bilder

Endlich finden wir, nachdem wir uns mindestens dreimal verlaufen haben, das National Cultural Centre, in dem auch das Museum ist. Schon von weitem kann man sehen, dass dort ein großes Fest stattfinden wird. Auf dem Platz vor dem Museum stehen viele Lastwagen und Busse. Überall sind Marktstände aufgebaut. Die Händler bieten bunte Stoffe an, Schmuck aus Holz und Bronze, Perlenschnüre, geschnitzte Holzfiguren, Töpferwaren, Bücher, afrikanische Gewänder, handgewebte Decken und Tücher.

Es duftet nach frischem Brot und gebratenem Fleisch und Fisch. Die vielen Leute zwischen den Ständen tragen die schönste, bunteste, aufregendste

Kleidung, die ich jemals im Leben gesehen habe. Unter den Tausenden von Afrikanern befinden sich höchstens zehn Weiße und Fotografieren ist nur mit Erlaubnis gestattet. Eine weiße Frau mit einer großen Kameraausrüstung erzählt uns, dass sie so eine Erlaubnis vor langer Zeit eingeholt hat. Schade, wir haben uns zu spät darum gekümmert.

»Wie soll ich jemals erklären können, was ich hier gesehen habe?«, werfe ich Papa enttäuscht vor und möchte am liebsten wieder einmal losheulen.

»Warte nur«, sagt Papa. »Ich hab mir da ein paar Tricks überlegt. Mach dir keine Sorgen, ich werde für dich Fotos machen.«

Wir setzen uns eine Stunde zu früh auf die bereitstehenden Klappstühle, denn die meisten Plätze um die Grasfläche, auf der getanzt und musiziert werden soll, sind schon besetzt. Die Menschen strömen in Scharen herbei und schnattern fröhlich und aufgeregt. Man merkt, wie sehr sie sich auf das Fest freuen.

Unter einem Baldachin stehen mehrere große, geschnitzte Sessel.

»Für wen sind die?«, frage ich Michel.

»Throne für die Chiefs«, antwortet er. Ich weiß, was »Chiefs« sind. Das sind die Häuptlinge der einzelnen Stämme, sie sind adelig, ganz vornehm und sehr wichtig. Michel ist, glaube ich, am aufgeregtesten von uns allen, so zappelt er auf seinem klapprigen Holzstuhl herum.

»Gleich brichst du noch zusammen mit deinem komischen Stuhl«, sage ich.

»Aaaaaaah, Doro!«, sagt er und strahlt. Michel und Sammy sind glücklich und stolz auf all die Leute aus Ghana, die hier sind. Man sieht es ihnen richtig an.

Plötzlich werden viele Trommeln gleichzeitig geschlagen. Wieder fühle ich die Trommeln bis in den Bauch, genau wie beim Tam-Tam am ersten Tag in Lomé-Tokoin.

Die Chiefs kommen in ihren schönsten Tüchern auf den Platz. Feierlich gehen die Chiefs die Treppe zum Podium hoch und suchen sich unter dem Baldachin ihre Stammesthrone. Mir ist auch ganz feierlich zumute, fast, als würden dort der deutsche Bundespräsident oder die niederländische Königin Platz nehmen.

Dann fängt die erste Gruppe an zu musizieren und zu tanzen. So etwas habe ich noch niemals gesehen! Das hier haut mich glatt um. Einfach unbeschreiblich. So viele Farben, so wunderschön und so anders ist das als bei uns. Ich habe keine Worte dafür.

Papa und ich zwicken uns gegenseitig, weil wir kaum glauben können, was wir hier erleben.

Eine alte Frau tanzt ganz allein zu dem Baldachin und fordert alle Chiefs zum Tanz auf. Und sie steigen wirklich alle ganz fröhlich ihre Treppe herunter und tanzen mit ihr.

»Für den Frieden«, flüstert Michel mir zu.

Die Zuschauer klatschen begeistert.

»Glaubst du, Papa, bei uns würde die Ministerpräsidentin von Schleswig-Holstein mit dem aus Bayern auch so schön tanzen?«, frage ich Papa. Papa muss schrecklich lachen. Doch zum Glück fällt er kaum auf, denn die anderen Leute lachen auch alle. Aber mehr vor Freude, glaube ich.

Musiker spielen, Tänzer tanzen. Sie alle sind in gelbe Tücher gehüllt. Dann kommen auf einmal zwei schneeweiß geschminkte, schneeweiß gekleidete Leute hinzu.

»Das sind Zauberer, eine Medizinfrau und ein Medizinmann«, erklärt Sammy. »Sie tanzen, um die bösen Geister zu beschwören und milde zu stimmen«, fügt er hinzu.

Die Musik wird schneller. Ein Kind, das anscheinend krank ist, wird den beiden Zauberern vor die Füße gelegt. Jetzt sollen die weißen Zauberer die bösen Geister vertreiben, die es krank machen. Sie beschwören das Mädchen und machen dabei mit dem ganzen Körper wilde Bewegungen. Mir stockt der Atem. Sind das aufregende, spannende Tänze!

Drei Stunden lang musizieren und tanzen immer neue Gruppen auf dem Platz. Meinetwegen dürfen sie bis zum Abend weitermachen.

Aber leider, leider, irgendwann sind auch die Musiker und Tänzer müde.

Als wir uns später etwas zu essen kaufen, entdecken wir wieder die Gruppe in den gelben Tüchern, die mir so gut gefallen hatten, und bei ihnen das Mädchen.

»Michel, kannst du die Leute fragen, ob wir ein Foto machen dürfen?«

Wieder redet Michel mindestens zehn Minuten lang. Dauert das aber lange ... Bestimmt erzählen die sich etwas ganz anderes.

Einige der Tänzer sehen sehr ernst aus, andere lachen.

»Du darfst«, sagt Michel endlich zu Papa.

Ich setze mich auf die Erde, während Papa seinen Fotoapparat einstellt.

In meinem Kopf mache ich immer meine eigenen Bilder. Von Afrika habe ich bestimmt schon dreihundert. Die kann ich hervorholen, wann ich will.

Trotzdem glaube ich, dass die Fotos, die Papa jetzt macht, die schönsten Bilder unserer ganzen Reise werden.

Anschließend schenkt Papa mir ein Armband aus

runden Steinen. Mit solchen Steinen haben die Menschen hier früher bezahlt.

»Damit du dich an Kumasi erinnerst«, sagt er und streichelt mein Gesicht, weil er merkt, dass ich wieder traurig werde.

»Und im Museum gibt es jetzt noch eine Überraschung für dich, zum Abschied.«

Papa legt seinen Arm um meine Schultern. »Das Museum ist einmal das Haus eines Königs gewesen«, verrät er mir.

Papa sagt etwas auf Englisch zu der Frau an der Kasse. Diese geht mit uns zu einer großen Trommel, die mit einem grauen Fell bespannt ist.

Mit einem Stock rührt sie die Trommel.

»Wenn du jetzt genau hinhörst, klingt die Trommel wie das Brüllen eines Löwen«, erklärt Papa. »Solche Trommeln wurden früher dazu benutzt, um Löwen oder auch Feinde zu verjagen.«

Die Frau zeigt mir, wie es geht, und dann darf ich die unheimliche Trommel auch einmal ausprobieren. Mein Löwe aus Kumasi klingt nicht besonders mutig. Er klingt ein bisschen zittrig und gar nicht stolz. Fast könnte man meinen, mein Löwe weint. Wieso machen Abschiede mich immer so traurig?

Am Tor vor unserem Haus in Lomé warten schon die vielen Kinder. Sie freuen sich, dass wir wieder da sind. Sogar Loulou wedelt mit dem Schwanz. Loulou, der kleine Hund. Die Riesenspinne in meinem Zimmer kommt um die Schrankecke gekrochen, vielleicht will auch sie mich begrüßen. Ich winke ihr zu, aber sie verschwindet sofort, schade. Es gibt nämlich nicht nur eine Spinne im Klo, sondern auch eine hinter meinem Schrank. Nach dem Erlebnis mit der Ratte in Winneba kommen die gestreiften Zebraspinnen auf ihren stakseligen Beinen mir fast gemütlich vor. Das glaubt mir nachher auch keiner, denke ich. Wo ich doch sonst sofort Anfälle kriege, wenn eine Spinne auch nur in meine Richtung sieht ...

# 15

## In Afrika war ich nie allein

Am nächsten Abend geben wir in unserem Haus ein großes Fest für alle Freunde und Verwandten von Michel. Ich weiß gar nicht, wie viele gekommen sind. Aber der Garten und alle Zimmer, der Flur und die Küche sind voll von Menschen. Und natürlich sind auch das Badezimmer und die Toilette wieder, wie am Anfang unserer Reise, ständig besetzt.

Bernard und Koffi tanzen am schönsten. Koffi ist Bernards jüngster Sohn und vielleicht sechs Jahre alt. Ich selbst bleibe lieber auf meinem Stuhl sitzen und sehe zu. Ich bin und bleibe eine steife Hamburgerin, wenn ich sehe, wie die Leute hier tanzen können. Vielleicht bringt Michel es mir später in Hamburg einmal bei. Hier habe ich ein bisschen Angst vor mir selbst.

Nachts bleiben wieder mindestens zehn Kinder zum Schlafen bei uns. Auch das macht mir inzwischen nichts mehr aus. Ich erschrecke auch nicht mehr, als ich mitten in der Nacht, auf dem Weg zur Toilette, über irgendwen stolpere. Der, über den ich stolpere, und ich, wir müssen beide kichern.

Zwei Tage später fragt mich Michel: »Doro, wollen wir nach Kpalimé?«

»Au ja! Weiß deine Familie denn, dass wir kommen?«

»Ich habe ihnen noch von Hamburg aus geschrieben. Sie wissen, dass ich in diesen Monaten hier bin.«

Wieder packen wir unsere Rucksäcke mit dem Allernötigsten. Meiner wird immer dünner. Nach jeder Reise komme ich mit weniger Sachen aus. Ich habe gelernt alles Überflüssige zu Hause zu lassen. Geholfen hat mir dabei, dass ich mein Gepäck die ganze Zeit selber tragen musste.

Und wieder fahren wir stundenlang mit dem Bus durch eine tiefgrüne Landschaft, über braunrote Sandstraßen, durch kleine Dörfer, in denen fast überall Markt ist. Als wir unterwegs anhalten, reichen uns die Frauen ihre Waren durch das Busfenster.

In Kpalimé hält der Bus direkt am Marktplatz.

Jedes Mal, wenn ich so einen Markt sehe, kann ich vor Begeisterung kaum etwas sagen.

Diesmal aber frage ich: »Michel, können wir uns hier erst einmal umsehen?«

»Klar doch!«

Kpalimé liegt viel höher als Lomé. Es ist hier nicht so staubig, stickig und heiß wie in Lomé. Im Reiseführer steht, dass der Boden hier fruchtbar ist und dass deshalb hier Mangos, Bananen, Kokosnüsse, Kaffee, Kolanüsse, Kakao und viele Gewürze und Kräuter wachsen.

Was mir am besten auf dem Markt im Kpalimé gefällt, ist ein Stand mit Kräutern und Steinen und lauter geheimnisvollen Dingen.

»Das ist die Apotheke auf dem Markt«, erklärt mir Michel.

Die Kräuterfrau schenkt mir einen gelben, runden Stein mit einem winzigen Loch in der Mitte. Die Medizinfrau erzählt Michel eine lange Geschichte zu dem Stein.

»Dieser Stein«, übersetzt Michel, »ist vor vielen, vielleicht sogar vor mehr als tausend Jahren vom Himmel gefallen. Als er fiel, und er fiel ziemlich lange, da hat es geblitzt und gedonnert. Ein Blitz hat den Stein in der Mitte getroffen. Darum ist er ein Zauberstein. Er wird dir Kraft geben und viel Glück bringen.«

Ich halte den Stein vor mein rechtes Auge. Plötzlich kann ich ganz Afrika sehen.

»Papa, ich sehe ganz Afrika!«, schreie ich vor Begeisterung.

»Zeig mal«, sagt Papa.

Er versucht es ebenfalls. Aber er behauptet, er sieht nur meine Nase.

»Die Verzauberung gilt nur für mich«, sage ich.

Michels Onkel, den wir heute noch besuchen wollen, wird mir viel zu den Kräutern erzählen können. Er ist Medizinmann und sammelt sie selber im Urwald. Vielleicht ist er auch ein Zauberer. Und durch das Blitzloch wird er auch ganz Afrika sehen. Ich bin mir sicher.

Es gibt hier auch viele Yams- und Maniokwurzeln, die zu jedem Essen gekocht und zu Foufou verarbeitet werden, meinem Lieblingsgericht hier. Die Marktfrau will sich nicht fotografieren lassen, dabei trägt sie so einen schönen Sonnenhut aus Palmblättern. Die Leute hier sind zwar immer freundlich, aber in machen Dingen sollte man trotzdem zurückhaltend sein.

Mein Vater möchte eine Frau mit Kind fotografieren. Sie dreht sich sofort um und geht.

»Man sollte sie vorher fragen«, murmelt Papa enttäuscht.

»Wir sollten Ewe lernen«, schlage ich vor.

»Michel kann es uns beibringen«, schlägt Papa vor. »Was meinst du?«

»Hast du denn Zeit dafür? Kommen wir denn noch einmal hierher zurück?«, frage ich.

»Ich würde sehr gern noch einmal hierher zurückkommen, Doro«, sagt mein Vater und lächelt mich an. Meint er das wirklich ernst?

»Bin ich dann wieder dein Reisepartner?«

»Das bist du.«

Mein Vater und ich haben noch nie zusammen eine so große und schwierige Reise gemacht, bei der alles anders ist als sonst. Ich meine eine Reise, auf der man auch richtig etwas aushalten muss und wo es nicht immer an der nächsten Ecke eine eisgekühlte Cola zu kaufen gibt oder ein bequemes Hotelbett.

»Meinst du, ich habe die Reiseprüfung schon jetzt bestanden, obwohl wir noch nicht wieder in Hamburg sind?«

»Das hast du.«

Auf einmal geht es mir irre gut.

Ich bin ganz stolz auf mich selbst. Und auch auf Papa, denn der beklagt sich nie.

Wir nehmen ein Uralt-Taxi zu Michels Onkel Komi Ntsunjo.

»Den Namen kann ich kaum aussprechen, Michel. Was heißt denn das?«, frage ich.

»Der erste Name heißt ›Am Samstag geboren‹, der zweite ›Schöner Mann‹.«

»Ist das auch einer deiner Väter?«

»Ich bin bei Lomé aufgewachsen, in der Nähe der Grenze zu Ghana«, erzählt Michel. »Auf unserem Hof dort gab es drei Brüder. Einer ist mein richtiger Vater gewesen. Die beiden anderen Brüder, das heißt meine Onkel, waren aber auch wie Väter für mich. Deshalb habe ich eigentlich drei Väter.«

Jetzt begreife ich endlich etwas mehr von all den Vätern. Trotzdem ist es sehr schwierig, bei den vielen Verwandten noch zu kapieren, wer zu wem gehört. Wer weiß, denke ich. Vielleicht schaffe ich das bei der nächsten Reise.

Onkel Komi Ntsunjo wohnt in einem winzigen Dorf außerhalb von Kpalimé.

Als wir durch das Hoftor gehen, sind die Frau und die Kinder plötzlich ganz still, obwohl ich hörte, dass sie sich gerade unterhielten.

Sofort wird nach dem Onkel gerufen.

Und da kommt er, der schöne, an einem Samstag geborene Onkel.

Sammy, Michel, Papa und ich werden gebeten uns zu setzen. Ein Krug mit Wasser wird gebracht, genau wie bei unserem Besuch bei Onkel Joachim in Togoville. Wir sind seltene Gäste und alle, alle freuen sich.

In meinem Rucksack habe ich noch Schlümpfe, Flummibälle, Buntstifte und Hefte.

»Michel, wann soll ich denn meine Sachen aus dem Rucksack verschenken?«

»Gib sie Onkel Komi, er wird das für dich tun.«

Ich öffne meinen Rucksack.

»Cadeaux, cadeaux«, rufen die Kinder. Das ist Französisch und heißt »Geschenke, Geschenke«.

Bisher sind hier vielleicht sechs Mädchen und zehn Jungen. Ich bin gespannt, wie viele es jetzt bald sein werden. Kaum habe ich fertig gedacht, steht ungefähr das halbe Dorf um Onkel Komi herum. Über so etwas kann ich inzwischen schon richtig lachen!

»Woher die das bloß wissen?«, frage ich Papa.

»Sie haben uns kommen sehen, so einfach ist das. Und so oft wird es hier wohl keinen Besuch aus Europa geben.«

Onkel Komi setzt sich auf einen Stuhl. Die Kinder warten ganz ruhig und gespannt ab, ob sie ein Geschenk bekommen. Bei uns hätten alle bestimmt geschrien oder sich gegenseitig weggeschubst. Hier jedoch nicht.

»Wie ist das, Michel: Hier streiten sich die Kinder wohl nie?«, frage ich.

»Doch doch, nur vertragen sie sich auch ganz schnell wieder und spielen dann wieder miteinander.«

Nächstes Mal nehme ich noch weniger Gepäck

für mich selbst und noch mehr Gastgeschenke für die Kinder mit. Obwohl ich ehrlich sagen muss, dass es mir sehr schwer fällt, hier Geschenke zu verteilen. Es fühlt sich so merkwürdig an. Weil ich weiß bin und dabei immer an ›Tim im Kongo‹ denken muss.

Und weil es dann wieder so aussieht, als würden die Weißen nach Afrika kommen, um den armen Schwarzen Geschenke zu bringen. So wie früher, als die Weißen die Bodenschätze aus Afrika mitgenommen haben, im Tausch gegen wertlose Glasperlen.

Papa, Michel und ich haben oft darüber gesprochen.

Aber Michel sagt, dass die Kinder sich hier genauso freuen wie in Deutschland, wenn Besuch kommt und es Geschenke gibt. Außerdem ist es in Afrika üblich, Gastgeschenke mitzubringen.

»Cadeaux, cadeaux«, höre ich noch immer.

Ich glaube, Onkel Komi hält für jedes Kind eine kleine Rede, fast wie der Weihnachtsmann bei uns.

Sie hören ihm genau zu, bedanken sich und freuen sich wahnsinnig.

»Er fragt gerade, was er dir schenken kann, Doro.«

»Gibt es hier auch die kleinen, süßen Bananen?«, frage ich.

Zehn Minuten später liegt der ganze Tisch voll mit frisch geernteten Bananen. Ich esse mindestens neun davon. Noch nie im Leben habe ich solche köstlichen Bananen gegessen wie hier in Afrika.

»Onkel Komi möchte mit uns in den Urwald gehen«, kündigt Michel an.

»Na endlich«, sagt Papa erfreut und macht einen richtigen Luftsprung vor Begeisterung.

»Weißt du, Papa, ich kann es auch kaum abwarten. Wir sind schon so lange in Afrika, und richtig im Urwald waren wir immer noch nicht.«

»Aber jetzt!«, sagt Papa.

Der Onkel geht voran, Sammy, Papa, Michel und ich folgen.

»Kommen die ganzen Kinder auch mit?«, frage ich. Mindestens zwanzig stehen da.

»Onkel Komi sagt ihnen gerade, dass wir wiederkommen«, übersetzt Michel. »Sie hatten Angst, wir würden schon abfahren.«

Die Kinder verschwinden mit ihren Flummibällen, den Schlümpfen, den Schreibheften und Buntstiften.

Wir können gehen.

Als wir ein wenig von der roten Sandstraße entfernt sind, höre ich lauter Tiere, die ich vorher nie bemerkt habe. Zweige knacken unter unseren Füßen. Ich muss unbedingt Papas Hand festhalten.

Aber es gelingt mir nicht, weil der Pfad sehr schmal ist. Wir können nur hintereinander gehen.

Dann, auf einer Lichtung, sehe ich Sträucher.

»Das ist Kaffee, Doro«, sagt Michel stolz.

Und als wir nach einer Weile wieder auf einer Lichtung stehen, zeigt uns Onkel Komi Kakaofrüchte. Er öffnet eine Frucht und wir probieren die weißen Bohnen, die ganz feucht sind und fast ein wenig nach Nüssen schmecken.

Ich kann mich gar nicht satt sehen und hören. Ich möchte, dass die Zeit stillsteht. Und dass wir noch ganz, ganz lange im Urwald bleiben.

Aber die Zeit bleibt nicht stehen.

Abends kochen die Frauen in Onkel Komis Hof für uns.

Ich kann kaum etwas essen, weil ich mit meinen Gedanken immer noch im Urwald bin, mitten unter den hohen Bäumen und zwischen den geheimnisvollen Geräuschen.

Den anderen schmeckt es dafür umso besser.

Sammy und Papa sitzen neben mir.

Ich kuschle mich an sie. Es ist kühler geworden.

Ich überlege.

Ich habe noch so viele Fragen zu den Menschen hier.

Ich sehe mir die einzelnen Häuser im Hof an, in

denen die Frauen mit ihren Kindern wohnen. Alle Frauen haben nämlich ihre eigene Hütte.

Wenn ein Mann zu einer Frau kommt, bleibt er drei Tage, hat Sammy mir erzählt. Wenn sie sich lieben, hören es vielleicht auch andere. Aber die Nacht ist voller Geräusche, so wie jetzt. Da fällt es nicht weiter auf, wenn sich zwei Menschen lieben.

Auf dem Markt in Accra habe ich kleine Bronzefiguren gesehen, die das darstellen. Sie waren wunderschön.

Ich muss ganz tief Luft holen. Denn vor Glück vergesse ich manchmal zu atmen.

Ich bin in Afrika, mitten in Afrika.

Und ich glaube, ich habe mich in meinem ganzen Leben noch nie so wohl gefühlt.

Ich möchte wiederkommen.

Und vor allem möchte ich zu Hause erzählen, was ich hier erlebt habe.

Vielleicht werden die Kinder, denen ich von meiner Reise erzähle, auch hinfahren.

Oder wenigstens mehr über die Menschen in Afrika wissen wollen.

Es gibt Armut, Hunger, Krieg und Elend in Afrika. Aber nicht überall in Afrika ist es so schlimm.

Auch davon sollen andere Kinder erfahren.

»Afrika hat unzählige Gesichter«, hat Papa irgendwann gesagt. Ich glaube, ich weiß, wie er das meint.

Das hier, unsere Reise, ist nur eines von Afrikas Gesichtern.

Mir gefällt es.

Und anderen vielleicht auch.

In Afrika war ich nie allein.

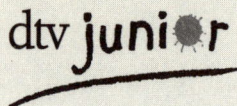

Peter Knorr/Doro Göbel

**Maiers große Rätselreise**

Eine Europatour zum Mitraten

dtv junior

ISBN 3-423-**70840**-9  Ab 9

Eine aufregende Reise führt die Familie Maier
quer durch Europa: Dabei passieren an den
einzelnen Reisestationen die unmöglichsten
Dinge: Wer ist schuld am Käsechaos in
Amsterdam? Wer hat den Eiffelturm aus dem
Louvre geklaut? Wo haben sich die Prager
Zirkusäffchen versteckt? Ein bisschen Mithilfe
können die Maiers da gut gebrauchen –
übrigens auch im Internet: Dort gibt
es ein tolles Spiel zum Buch.

www.maiers-raetselreise.de

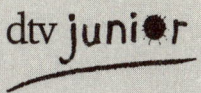